一日一練習・
找回美好人生健康轉速的
100項正念日常

每一刻・都是最好的時光

Pedram Shojai

佩德蘭・修賈——著

游淑峰——譯

The Art of Stopping Time: Practical Mindfulness for Busy People

目錄

前言

這本書，與我們處在時間永遠不夠用的瘋狂生活有關。

我們全都在生命中苦苦掙扎著想找出更多時間，但不知為什麼，時間卻一年比一年少。我們太累了而無法思考，太亢奮以致無法專注，想要更有效率卻心有餘而力不足，總是愧對家人，遺憾沒有與他們共度更多的時間。

關於時間不夠的處境，因為身處現代世界的壓力而雪上加霜，覺得就要被時間壓力壓垮，但這無助於緩解對時間的焦慮。**而身處在進退兩難的失速文化中，失去時間，絕對讓你瘋狂焦躁。**

關注時間是必要的。時間是生命的流通貨幣。我們擁有有限的心跳來品味人生、來享受人生。我們與家人、親人、寵物和嗜好共度的時間很寶貴，該珍視時間。我們也用時間交換金錢，用這些錢來買房子、買食物、來旅遊，以及孩子的大學教育。我們也可以揮霍金錢，彷彿從來完全不曾擁有過這些時間。

當我們對時間不夠有感，健康問題就浮現了。時間是我們所擁有的一切，也是生命中最有價值的禮物。當時間沒了，這樣說吧，遊戲就結束了。我們可以回首，卻無法將它拿回。

當我們與時間的流動沒有正向的連結，只能事後懊悔。我們在時間中迷失，以致於無法停下來看看未來，仔細思考今天的決定將影響著明天。

我們從個人的角度看這件事，但它同時也是社會性的：眼前最大的政治與環境問題，全根源於我們個人與時間的關係，這是一場災難。我們無法慢下來，我們不能停止消費和製造污染。

眾所皆知，我們求時若渴，但我們真正對此做了什麼？少之又少。

這本書就是要改變這種情況，把我們帶回與時間更健康的連結。透過調整與時間的關係，並且找到個人的核心，我們可以掌控自己，重新安排將寶貴的時間花在哪裡、該與誰共度的優先順序。在一個資訊與機會都不虞匱乏的世界，控制時間閘門、拿回時間所有權的責任在我們身上。我們的能量、金錢以及時間，三者相互連結的程度超乎想像。這本書簡單而且容易實踐，而且很有方法。我幫助了上千人們，藉由成為城市修道者來找到更多時間與平靜。

我將引領你獲得「時間幸福」(time prosperity)，意思是，你有足夠的時間完成在生命中的想望，而不覺得備受壓迫、負荷過重，或者局促不堪。時間幸福能帶給我們平靜、更明智的決定，更健康、更多的家庭時間，與我們的優先順序價值一致，幫助我們拿回成就與方向。若能掌控與時間的關係，獲得時間幸福，你將能降低壓力、更有活力、得到更多的成就，真正完成更多事。

所以，我們要如何獲得時間幸福？我們要學習「暫停時間」（stop time）。在這本書中，我將帶著你用古老的心靈修行與實際的生活技巧，幫助我們接通內在的智慧、掌控行事曆，並開展時間用度的具體界限，好來學會如何暫停時間。把這些當成是特意的時間管理練習。

以本書的核心，我將陪你走過所謂「百日功」。依古老中國的說法，「功」是你每天分配指定一段時間，用來練習某一件任務。你選擇某一項修行（或者一組修行），指定它們為你的功，並且在一段時間裡，每天勤懇地鍛鍊，絕不間斷。這樣不僅能展現決心，也強迫我們覺醒，留意日復一日的例行公事。我們知道，每天行禮如儀的細微習慣，造就了每個人目前的生活樣態。在一段長時間裡做出小而簡單，卻很重要的改變，才是前進的王道。這裡改一點，那裡修一點，最後，生命會精采地起飛。「功」不僅是建立專注與決心的有力方法，它也能確保你有規律地訓練。「功」是一項愛自己的投入行為，將你自日常的軌道中抽離，將覺悟的光帶進你的意識。我們練習愈多，就愈覺醒、愈順利圓滿。

一個好習慣需要至少九十天才能「烙印」進你的神經系統，我發現「百日功」是最合適的練習長度。你可以把它想成是一項協助安裝新習慣的百日儀式。我們全都需要儀式幫助我們脫離現代生活的軌道，進入深層的個人介面，在那裡，真正的改變才會發生。**與其要求一個已經忙得不可開交、瀕臨崩潰邊緣的人在慌亂的生活中多加一件工作，我們將選擇你已經在做的事，提供一種替代的方式**，幫助你每天釋放出更多的時間和能量。我們將會內省、得到一些喘息，藉由展現更好的方法，稍微改變目前的習慣。我們每天這麼做，慢慢地建立較好的作息。

有些習慣會留下來，有些不會。沒有關係。關鍵是透過練習，慢慢地、輕輕地釋放出更多的時間，因而讓更多的能量與熱情進入你的生命。你會獲得某程度的成效，或者過一段時間後才會看到成效，但是，在你的生活中行百日功，將從根本改變你與時間、能量、金錢、人們和生命本身的關係。

每篇文章都很簡短，每天提供一個快速的練習和行動計畫。就這樣。有些練習的焦點放在一些你可能希望會有時間去做的活動，有些焦點則放在找出更多時間運用的通則方法；有些可能對你很簡單，有些可能會動搖你的核心。百日後，生活會變得不同。你將會不一樣，你與時間（亦即你的人生）的關係會從根本轉化為更美好。這本書的理想使用方式，是在接下來的一百天，從第一頁讀到最後一頁，是的，意思是從現在開始！而且每天只要做當天的練習。當你往前行進，你將會發現，某些事情會跟著水到渠成。

你可能會在某一天醒悟，而從根本上改變做某件事的方法。某些時候，你可能做了某個練習，但不真的與它有深度的連結，但這也不錯。只要一天一天往前走，看看你沿路拾起了哪些習慣。

一旦你完成了第一個百日，我建議你隨機地每天使用這本書，稱之為「功的輪盤」。隨身攜帶這本書，隨機打開任一個章節，作為你那一天的「功」。至少你已經在第一輪時見過它，現在你有機會重新拜訪它。回到某個篇章時，你已經不是同一個人，所以，你將在這個星球上學習到更多關於成為完整個人的旅途。

現在，去活出你的人生，並且練習，讓我們起身行動。從今天開始，我們將共度一百天！

第1天・配置你的人生花園

今天，我們要透過自然隱喻的濾鏡來觀看生命。想像你的人生是一座花園，你只有有限的水，而且需要為每株植物留一些空間，好讓它們欣欣向榮。比起其他植物，有些植物可能比較大，對你也比較重要。有些植物你可能根本不喜歡，但還是得把它留在花園裡。

想一想什麼對你而言是重要的？什麼得以進入你的人生花園。家庭？事業？健康？人際關係？音樂？你的人生裡，什麼是重要的？

把這些項目條列出來，然後想像這些項目需要多少的能量，才能維持它們的永續生長。把你的能量想成是你需要灌溉每個植物的「水」。這個能量是來自於時間的貨幣、努力、意志力和專注力。如果你想要充分灌溉每一株植物，需要付出什麼代價？

有些項目可能需要較多的時間、能量，那就規劃一個額度。新車要花錢。如果你真的想要一台新車，就得賺更多，這裡指的是在職場領域上更多的「水」，或者從家庭或其他地方挪一些過來。理性地看看你雖然嘴巴上講說你重視什麼，但你實際得用多少水（時間、能量、關心、金錢、專注）才能讓那株植物健康又快樂。你只能養活幾株植物，但卻又暫時將水給了其他植物？

務實地想想你需要澆灌和栽培哪幾株植物。你只有種五到十株植物的空間，就是這樣。小心不要讓任何新植物入侵你的花園，而且要拔掉那些從你最重要的植物那裡吸走寶貴資源的植物，看看那些雜草。這需要專注和付出，這是重要關鍵。如果你對某些新植物說「好」，實際上就是對現存的植物說「不好」。你將會發現自己為新來的雜草澆水，從你認為生命中重要的植物身上移開視線。這情況聽起來是不是很熟悉？

這個練習能幫助你更謹慎小心。建置一個生命花園，然後用它來「過濾」新植物是否可以落腳，這是很重要的。某件事是否侵犯既有的植物王國或範疇？如果是，它會從其他植物那裡吸走多少水？你是否能承擔這項變動？它是全新的植物嗎？你要從哪裡把水分配過來，如何讓它有成長空間？這確實是你利用資源的最佳方式嗎？請誠實坦白。

一段時間後，隨著氣功與靜坐冥想，你會有管道得到更多的能量、個人力量，以及冷靜的頭腦。這將能幫助你為目前的植物或是新植物匯集更多的「水」。但是目前，只能假設你的水（能量、時間、焦點）對應眼前的情況是有限的，這樣一來，你需要怎麼分配這些水，讓每一株植物都繁榮茂盛？你該很清楚地知道你想怎麼規劃，然後評量實際狀況。如果不如預期，就做一些調整。

利用生命花園的隱喻，確實能幫助你誠實面對自己對哪些事該付出多少時間和精力。如此一來，你不會過度付出，同時也能避免無法達成的壓力和悔恨。

當我們的計畫和目標是一致的，那麼，我們就接通了專注力與意志力，讓事情順利進行。

第2天・感恩時間

今天，讓我們停下來，花點時間感恩所擁有的。感恩是一帖良藥，是一種善用時間的方式。感恩，有助於減輕壓力、建立正向能量，帶給生命宏觀的視界。

你上一次感恩是什麼時候？你天生是懂得感恩的人？或者你需要提醒？練習感恩是健康的，有助描繪一個樂觀與充滿希望的世界景象。懂得感恩的人一向比較快樂，在多項研究裡都看得到這一點。

憂鬱和遭遇困境的人容易有一種現象，稱為「記憶痕」。當某件不好的事發生時，我們會把單一事件附加到其他一連串「不好的」事件中，而建構了一種悲觀的敘事。

例如，你踢傷了腳趾頭，手機又摔到地上。有記憶痕的人會說：「我總是遇到這種事、我運氣真背、我想起大學時摔了一跤，超尷尬的……」。收到一張帳單就會讓你想起所有的財務困難，或者，你支持的隊伍輸球這樣的小事，可能也會勾起結錯婚、找錯對象的個人遭遇。

這很不合理，但我們卻常常如此。這是一種向下迴旋，將我們拖進毫無益處的「我的人生太糟了」的論點。

感恩是這種向下迴旋的絕妙解藥。今天讓我們來練習感恩。拿來一張紙或拿起你的手機，開始製作一張清單，寫下所有你感恩的事。可能是你的孩子、你的貓、你的成就、你最近享用的美味午餐，或者天上的雲朵。持續寫下來。

花最少十分鐘進行這項練習，不要停下來。即使聽起來愚蠢，但繼續往下列出來。也許有些事要花一、兩秒回想，沒關係。「回想」這個動作具有強大的療癒與心靈價值。

當你完成清單，停下來，問自己感覺如何？開始寫之前感覺如何？寫完之後感覺如何？有任何不同嗎？留意看看這些感覺。

當你渡過這一天時，把這份清單帶在身邊，多看它幾次，很快地從頭到尾看完。在任何一個吸引你的項目那裡停下來，讓感恩充滿你的心。**只要定著在對那件事的感恩的感覺之中**，不論那是哪一件事。沉浸在感恩的光芒中，讓它充滿你。

今天結束時，回想你今天早上覺得如何，而你現在覺得如何。有任何不同嗎？很可能是很細微的不同，但必然有所不同。如果你喜歡這種感覺，明天繼續把這張清單帶在身邊，並開始往下增加。事實上，你可以準備在值得感恩的事情發生時增加上去，讓清單成為一個愈來愈長的感恩清單。你愈這麼做，對你愈有益。經過一段時間，這個練習將劇烈地轉變你的人生，改變你對所有事物的心情。它會帶走磨擦與阻力，讓我們活在一個更健康永恆的空間。

第3天・大自然

今天的功課很簡單：踏出戶外，從「終極的導師」那裡學習。說到循環與韻律，大自然是我們的明燈，她以一種完美的起伏互補原則運作，冷與熱平衡了黑暗與光明，成長與衰敗在一年的循環中如實呈現，正如同出生與死亡。大自然光明正大地示現了你所需要的所有智慧。

你只是忘了看看它。

今天的練習是踏出戶外，在大自然裡消磨一些時間。即使你只能接觸到一座公園，或者是公司花園的後院草地，我確信，如果你今天睜大眼睛尋找，那裡也有一些與自然世界相同的東西。去那裡吧。

坐在一個舒服的角落，開始深呼吸到你的下腹部。放鬆，進入你的呼吸，沉浸在周圍的聲音裡。感覺輕拂過臉龐的風，也許脫下鞋子，把腳趾頭扭鑽進泥土裡。如果你有機會好好享受，那就踏進泥土裡，或者在沙灘上把自己埋起來。打破隔閡，允許大自然的壯美碰觸你，包圍你的感官。

大樹可能存活數百年，但你腳下的鵝卵石卻已數百萬年之久了。它們從哪裡來的？

它們是盤古時代大陸的一部分嗎？它們怎麼來到這裡的？

現在，留意你腳下的泥土。很久很久以前，某一種蕈類演化，分解了岩石，製造了泥土。隨著細菌、原生動物、線蟲以及多種生命的加入，泥土開始變成了土壤，得以讓某些生命形式吸收無機的能量，讓自己成為植物王國的一份子，隨後日漸茁壯，散播到這個星球。那些植物適應了「吸收陽光」，從太陽製造出能量，以碳水化合物的連結方式留住能量。植物成為某些動物攝食的來源，然後，時間快轉數百萬年，你便出現了。

你腳下的微生物世界營造了一個漫長的演化階梯，最終讓你經由植物，成為日光的消費者。如果你吃進了動物，你便經由牠們攝取的植物，而攝取了日光。

「生命」圍繞著你。當你閱讀這句話時，你正在吸收它。數以百萬計的細菌和病毒剛進入你的肺部，並擴及你的皮膚。它們幫助你與周圍的自然世界互動；它們幫你抵擋入侵者；它們是你身體生態系的一部分，你身體的生態系也是這顆星球生態系的一部分。當你過著你的日子時，這些全部同時發生著，數以億萬計的生命過著各自的生命，對你的帳單或生活瑣事渾然不覺。

坐在戶外大自然的交響樂裡，注意到這神奇的壯麗。一方面，你是生命的宇宙，有無數的細菌在你的身體和皮膚上，彼此互動成為一個生態系。另一方面，你只是一個尋常銀河系邊緣一顆星球上，一個渺小的物種，而這個銀河距離下個銀河還好幾光年。

天地之間皆令人讚嘆，而你正端坐在所有一切的中間。你是無限之中的一個焦點，在這裡碰撞到某個時間與空間。你要如何理解這一切？唯一的方法是打開你的心房，進入它所牽引的大千奧妙。如此一來，我們不再把自己看得這麼重要，大自然能幫助我們思考大問題，把我們放在一個宏觀的角度。

你所自認為的你自己，只是宇宙洪荒的一瞬間，而你會想怎麼做呢？

第4天・電子郵件時間

電子郵件已經成為聯繫我們生活的一環。它是一種有效的溝通方式，快速地成為全世界商業的基準。電子郵件很棒，你可以非常有效率地附加檔案、照片與影片。你可以提供他人需要的任何東西，讓你的生活順利進展。

那麼，這有什麼問題？是「量」的問題。人們製造出來為生活帶來便利的發明，我們卻成了它的奴隸。每一家商店、汽車仲介、APP公司和維他命業務員幾乎每天都寄電子郵件給你。垃圾郵件已經成為每個人都要處理的大問題，似乎無力阻擋。

今天，我們來處理這個問題。每次你的手機或電腦發出郵件提示聲時，你就去檢查電子郵件，這樣是沒有道理的。這會使你從手邊的工作分心，無法專心。其他人希望你看的東西，不會讓你一天的工作更有效率。事實上，每一次你分心去看郵件，你就喪失了對手邊正在處理的事情的動能和清晰度。

讓我們建立一些檢查電子郵件的時段。視你處理的量而定，在近中午時段設定三十到六十分鐘的電子郵件時間，另一個時段則是在傍晚。這是你專注於電子郵件的時段。關鍵是進去電子信箱、處理它們，然後退出來。有一種方式，是在早上的電子郵件時段看過所有的訊息，先在前五分鐘處理能回覆的信件，將你必須稍晚回來處理的信件標註星號，然後將所有其他的刪除或標示為垃圾郵件。如果有需要，你那天稍晚有另一個電子郵件時段，可以處理那些較長的信件。

附帶一提的是，你需要一個好的垃圾郵件過濾器，讓垃圾郵件根本不會出現在你面前。現在有很多種好方法，你得找一個適合你個別需求的方式。養成在電子郵件軟體將你不想收到的郵件標示為垃圾郵件的習慣，讓軟體不要把那些信送進來，幫助你保持收件匣清爽。把垃圾郵件摒除在視線之外後，看看值得你花時間處理的重要溝通訊息，開始擺脫浪費時間在長串的電子郵件當中。

電子郵件時段的重點，是處理信件，清楚地溝通表達，而非來來回回溝通，然後清空你的信箱。如此一來，信件將不會一直盤據在你的心上，干擾你；也不會深陷在未讀信件或只處理一半收不了尾的狀態。這個遊戲的甜美結果是：你能提高對工作的專注與專心程度。如果你在處理一個文件，把它處理完。如果正在做工作表呢？那好，把你的表格做完。在開車？那你幹嘛還要在這時候檢查手機呢？

重點是保持你對工作的清晰度，並且在指定的時間處理電子郵件。重新安排你的時間表，把你的電子郵件時間安排在一個時段，然後排進整天的計畫中。試著明天再試一次，然後隔天再試一次。幾星期後，你會看到信箱的長串郵件消失了，日子變得更舒服。持續這個習慣，注意守住界線。有些紀律真的是值得的。人們可能會催促你，但那不要緊。把你需要繳交的文件送出，把你的工作做完。效率是關鍵，一旦人們學會與你的新步調同步，生產力與頭腦清醒所帶來的轉變，將逐步發揮出來。重點是透過妥善安排一天的行程，更符合你的需求，來把事情做得更好。

第5天・蟄伏的時刻

人生總有困窘的時候、需要冷靜的時候。一個明智的人會知道他們所處的情形，並相應地調整速度。我們在人生中，都有各種迫在眉睫的「截止期限」，和非常緊湊與壓縮的時期；當我們知道如何在這些時期保護自己，生命便能充滿活力、激情與動能。但我們無法長期維持在高轉速，而且，如果不學習如何關掉高轉速，可能會燒掉或燒毀。現今的經濟靠著不斷壓縮與壓榨來建立運轉模式，如果可以，請離開這個飛快的倉鼠轉輪，你會發現自己的人生更加健康。

如果你正陷在這種生活型態之中，那麼，明白這些節奏的起伏，並明智的手動調整自己的速度。這意味著你知道什麼時候該緩慢下來。你可能仍然得經歷某些變動，但是這個教訓是學習意識到你何時需要踩煞車，以及何時可以(而且應該)刻意地放掉油門。

今天，讓我們來檢視忙碌生活的較大周期。你是否正處在一個「趕鴨子上架」的階段？或者你正忙著各種工作的最後截止期限？你需要現在馬上抽身而出嗎？或者你可以考慮放鬆油門？或是重新注滿油箱？只有你能決定一切。

有一件事需要考慮進去，就是你目前的能量水平。一個「一」到「十」的量表，「十」

代表最高能量，你此刻有幾分？一分表示你幾乎沒辦法起床，完全精疲力盡；而六表示還好，但當然也不是非常好。請誠實回答，你現在有幾分。

要附帶說明的是：**如果你將你的意志力從這個算式中移除，那麼，你的分數又是多少？**你看，大部分的我們是勉強自己的力氣來跟上生活中的各種需要。我們運用意志力來維持自己的超高轉速，以便一關一關過，而我們的身體、心靈和人際關係則付出了代價。如果少了意志力，實際上你能拿到幾分？

現在，帶著這個數字，想想你需要為自己做些什麼來提高分數，讓自己覺得更好過些。你什麼時候可以慢下來？你要怎麼做？

今天，花三十分鐘只做你「想做的事」。這可能會是一個小睡，因為我們大部分人通常都累壞了。不要緊。這是往正確方向前進的一步，符合今日之功的精神。從這裡開始，今天晚上開始想還有什麼其他的事能為你的人生帶來平衡。

你可以到山裡休養一個星期嗎？也許你可以考慮休息一天，然後預約個SPA喘口氣；也許你需要學習靜坐，至少減緩每天燃燒的速度。每個生命都是不一樣的，而我們全需要自己的藥方來取得平衡。你的藥方是什麼？

既然你已經誠實地看待你的能量水平，思考了你可能需要什麼來修補，現在看看你的行事曆，為自己預約一些關機時間。讓「關機」成為一個約會、旅行、休假或任何你需要的事。預約下來並且認真看待。你將需要這些能量，帶著完好的健康與神智清明來挺過你的人生。

你何時可以停到路邊，得到片刻的休息？今天就把它預約進你的行事曆。

第6天．焦慮時間

很遺憾地，現代這個世界太過擁擠，很多時刻我們處在焦慮當中。我們花了太多時間在企盼、沮喪和心煩意亂，以及其他各種煩雜瑣事。

那我們要該如何善用這些時間，讓它們成為我們的老師？有一些訊息藏在我們的內心狀態以及狀態發展的過程中，所以，何不將之提升為一種成長？

當我們焦慮的時候，時間的轉動速率通常太快。血流流往後腦，催動我們「要打、要逃」的生物本能，或是受到過分的驚嚇。這已截斷我們的內臟、免疫系統、消化系統和高度認知的運作。再次，我們遺憾地發現自己在這個跑道上跑了太長的路，所以，讓我們利用這個機會，獲得更大的覺悟。

今天，任意地掃描你的心，問自己此刻是否焦慮。只要把這句話當成你今天的咒語。不斷掃描與省視，看看感覺如何。當你辨識到某個你會標示為焦慮的狀態，遊戲就開始了。現在，它可能感覺起來像是「輕微焦慮」或是「焦燥」，那對我們今天的練習就很夠了。關鍵是要從這個狀態抓住一些樣本資料，以供省視之用。

好的，你已經辨識出一種焦慮的狀態。現在要做什麼？

問你自己以下這一系列的問題：

- 這是什麼感覺？
- 是溫暖？還是冰冷？
- 身體的哪個部位可以感覺到焦慮？
- 焦慮的感覺會到處移動嗎？
- 這種感覺有某種可以歸類的特質嗎？例如乏味、模糊、沉重、痛苦……

然後再問下一系列的問題：

- 這種感覺來自哪裡？
- 是否是某個想法或某段談話所引發的？
- 什麼時候開始的？
- 在我想到特定的某件事時，經常會有這種感覺嗎？
- 這個感覺會對我有助益？

下一步是承認你的感覺，然後做十次深呼吸到你的下腹部。在你的臉上綻開一個微笑，隨你的需要伸展身體。有沒有任何的改變？現在你感覺如何？

今日練習的挑戰，是在當你感到焦慮時，自我隔離一段時間，並利用它作為你體驗時間和那段生命時光的回饋。你為這個體驗帶來的覺知愈多，愈能擺脫這種感覺；之後，你愈能在第一時間避免導致該狀態的反應。

第7天・把你自己排入時間表

今天的功課很簡單：把你想為自己做的所有事情列出來。當中應該包括運動、個人時間、家庭時間、閱讀、瑜伽、按摩，或者任何其他你一直告訴自己想做的事。把這些事寫下來。

看看這張清單是否完整。確認清單是否真實反應了你對自我照顧的渴望。如果你做了這些事，是否覺得人生是完整的？你是否會覺得安定、自在、更快樂？為了要達成這個目標，你還需要做什麼？把它寫下來。接著，把這些項目依你認為的重要性分類。最重要的事應該放在最前面，然後依序而下。

現在，我們實際檢查一下。讓我們把你的行事曆打開，看看你這個星期的行事曆，如果你目前正在做一件很不一樣的事，那就改去看其他任何比較尋常的一個星期。你的行事曆裡有什麼？你剛才所列的項目，有幾個真正反應在你的行事曆？當中有一個時間區塊是留給健身房的嗎？家庭時間呢？你有安排閱讀時間嗎？這些事情落在你的時間軸的哪裡？

如果你是像大部分人一樣，那麼，基本上不會有一項關於自我照顧的項目顯示在你的行事曆裡。總體而言，對整個宇宙和對你自己的內在來說，你並沒有把這些事放在優先地位。

這裡的關鍵是：如果這件事對你和你的人生是重要的，那麼，為什麼它不會出現在你的行事曆上？

看看你的時間表到底發生了什麼事。這個世界永遠會幫你把時間表填好填滿，工作任務、突發事件、電話、會議或追劇。「自然不愛真空」（Nature hates a vacuum）。你的行事曆會被周遭的混亂吞噬，除非你挺身站出來擁有它。

你必須為你認為重要的事守住底線。

今天，審視你條列的清單，把行事曆裡的某些事刪除，直到有空檔容下一件你的優先項目。你要如何開始將你清單上的項目融進你的行事曆，以便挪出時間來照顧你自己？為了要感覺完滿，你可以在什麼時間溜去運動、打個電話，或者擁有一點個人時間？關鍵是管理你的「燃燒率」。如果你把所有自我照顧的事挪到下個週末，或者下次放假，那麼，你可以看看自己會是什麼下場。**所以，你要如何在每一天裡過著平衡的生活，幫助你往前進，符合你的長期幸福？把真正照顧你自己的事納進來。**

今天，檢視你的重要項目，並將它們建置到你的行事曆中。由於接下來的這一週或兩週，可能已經塞滿了各種事，你可能需要做些挪動安排，或者延後計畫，沒關係，只要先預約下來就好，以沒有退路的心態來做這件事，例如先付錢把想做的事情預約下來、和朋友約好講定，或者只是用筆寫下來。一旦事情真實存在了，便會開始為你的生活帶來清醒的頭腦。不需要過猶如不及而忽視了你的工作，只要展開一種你能跟上的均衡生活。

這個練習的重點，在於想清楚你的需要，並將之安排到你一天的生活裡。然而，**除非真的排進行事曆，不然這些事一件都不會發生**。當你時間不夠時，人們很容易刪掉原本的運動時間，改去做別的事情。試著把事情往後挪，大部分的事情都是可以等的。也許建立一些「開放時段」，以便有空間容納混亂的突發情況，或者保留給突然造訪的客人。你得練習這個過程，最後要熟練。重視你和自己的約定，你將歡喜收穫。守住底線，你將再次感覺人生圓滿。

第8天・運動練習

今天讓我們來看看你的運動習慣。在過去幾年，人們對運動的了解有了很多改變。與你的時間密切相關的重要改變是：你不再需要每天運動一小時、每星期五天，才能得到最佳效果。

高密度間歇訓練（High Intensity Interval Training, HIIT）確實是很潮。這意謂達到最大的心率、喘氣、恢復，然後回到直立姿勢。

你今天的練習是去一座公園找一塊空地，熱身五分鐘，伸展你的髖骨、腿筋、腳踝和軀幹。準備好時，用你全速一半的速度衝刺到這塊空地的另一邊。到那裡時，做十到二十五個伏地挺身（視你的體適能水準而定）。之後，再用你全速四分之三的速度，衝刺回到原來的地點，並做五十個開合跳。花兩分鐘休息，重覆這個順序幾次，然後回家。全部加起來，你今天整個運動時間約持續十五分鐘。

目的是迫使你的身體超越它目前的生理舒適圈，引發「毒物興奮效應」，這是一種新陳代謝的狀態，能促進正向成長的基因發揮作用，有助大量產出新的粒線體，強化已存在的粒線體。這些是細胞的發電廠，愈多的粒線體代表我們有愈多的能量。

高強度的爆發運動可能需要一些時間才能辦到。確認你有做足幾分鐘的伸展預備，如果感覺到任何關節疼痛便立刻停止。事實上，有個教練來監控你，讓你保持正確的運動方式總是比較好，請注意運動安全。

這個故事的啟示是：你不需要日復一日地在跑步機上做相同的例行公事。事實上，一旦到達身體覺得舒適的水平，你就不再有進一步收穫，那意謂著要去勉強你自己。去做高強度的爆發運動挑戰你的心臟和肌肉，然後完全地回復。這不僅能在運動中得到更好的效果，也能從你每天已排定的運動時段，釋放出一些時間出來。

擺脫運動「上班打卡，下班打卡」的有做就好的心態，你將在人生中展開重要的大飛躍。**重要的不是時間的長短，而是品質。**你在健身時有多投入？你可以在二頭肌彎舉時從容呼吸嗎？如果可以，那麼重複多做幾次實實在在的彎舉也有相同效果，然後你就可以繼續回到日常生活了。

你的時間很寶貴。如果你建立了一種整天移動的習慣，你休息時的新陳代謝率不會下降。如果你避免久坐，定時的伸展，新陳代謝就比較不會停滯。這能讓你更有效率的健身。你在較少的時間得到較好的效果。很好！現在利用你新得到的多餘時間去睡個覺、做個愛，或者讀一本書。更好的是，坐在一個墊子上沉思你的生命力的永恆本質，那麼，你便真正自由了。

第9天・消化思緒

你曾經飽受「思緒消化不良」之苦嗎？當某些訊息進來，而你需要思考與分析，也許，你心裡盤據著複雜的工作活動，或者你正在思索一個剪不斷、理還亂的離婚關係所造成的不良後果與複雜的處境。有些事，我們真的需要花時間想一想。這是很自然、恰當的，就像飯後不宜游泳，以便你可以消化。我們都會為食物安排消化空檔，那心理的消化呢？

當人們在心裡積壓了一堆需要處理的事，就會產生壓力。你和家人在一起的時候心不在焉，和別人講話時聽而不聞，或者，精神恍惚而錯過了你在高速公路上的出口。為什麼？因為你正在處理訊息，反覆思考，假想當時的情況。這樣很正常，事實上，這樣很健康，但請避免在某些時間這麼做，開車時分心很不安全；與孩子疏離或心不在焉，會造成許多親子問題。你的心滯留在另一個時空，而不在此時此刻。

所以，我們要如何解決這個問題？**我們來安排時間消化思緒**。你必須承認，處理某些訊息是需要時間的。運動和健行，是做這類事情的好時機。你的身體動著，以便讓你可以統合你的思緒，並用健康的方式來處理思緒。這是為什麼有很多人在健身運動中找到頭腦清醒的感覺，他們利用這段時間，處理錯綜複雜的想法。

想一想你可以在生活中的什麼地方做這件事。你是否有一個健康的思緒消化出口，或者你經常因為心不在焉而感到罪惡感？你可以怎麼改變情況、找出時間做這件事？

你需要做這件事。

它會使你做出更好的決策，有效緩解壓力水平。

當我們進食時，需要把食物咬碎，然後吸收。很多現代問題的產生，是因為人們不咀嚼，吃太快。今天，想想你要怎麼處理消化思緒的問題。如果少了整天困擾著你的心理囤積問題，你的人生會怎樣？

第10天・久坐的時間

你上次檢查自己花多久時間坐著是什麼時候？是不是一整天？有扣除午間散步嗎？有算進開車時間嗎？坐在沙發上看電視節目的時間呢？

今天花幾分鐘計算你每天坐著的平均時數。這個數字可能很嚇人。

你並不孤單。但久坐已經被認為等同新型態的吸煙惡習，而且有多項研究顯示坐著對健康的危害非常大。事實上，一項《美國流行病學期刊》(*American Journal of Epidemiology*)的研究，將不動的生活型態與較高的死亡率連結在一起，男女皆然。

這和時間有什麼相關？這與我們失去時間的核心有關。

你坐愈久，愈像一灘死水。你的循環減少，新陳代謝率下降。事實上，任何每次坐著超過三十分鐘都顯示身體流動的緩降。這意味著久坐時卡路里燃燒率降低，淋巴排毒能力降低，粒線體能量產出較少，以及顯然地，生命力也降低。當我們久坐時，我們的光芒開始減弱，猶似風中殘燭。

久坐直接從我們身上搶走了時間，而且使我們時間品質變差。

怎麼會這樣？

它會拉低我們的能量水平，所以工作時頭腦比較不清楚、不專注。這意謂著在相同的時間裡完成較少的事，但心裡卻想著更多的事。這可能意謂著賺比較少的錢，所以你得需要更多的時間，投入更多的時數來彌補中間的差距。較少的收入通常意謂較大的壓力，而壓力會降低生活的品質。

如果我們擁有的能量較少，那麼，我們就不會想活動或運動，然後愈來愈胖、愈來愈懶惰。那麼，我們就會花費寶貴的時間來懊悔運動不足，或為不想運動而沮喪。

我們做事拖拖拉拉，因為缺乏能量與熱情。回家時，那些事仍盤據在心上，揮之不去。我們和家人打招呼時，心不在焉，因為疲累，心裡還想著工作，而且可能還一邊盤算著什麼時候可以溜出去運動一下。

很少真的起身去運動，所以我們又陷入懊悔的內心戲，然後又因為這樣，我們又脫離當下。接著，我們漏接了女兒在學校與朋友發生衝突的短訊，覺得自己是個失敗的父母。問題就這樣一個接著一個。

你看，我們決定一件事的作法，會影響我們之後做的每一件事。今天，你要把主導權拿回來。講電話時，與其坐著，你可以站著。拿幾個箱子做成一個升降桌。如果你無法這麼做，設定計時器，每二十五分鐘站起來一次。動一動，伸展一下，深呼吸幾次，喝點水，然後再回來。午餐後散步一下，用手機打電話，這樣你可以來回踱步。

不要讓身體墮入集體敗壞的昏睡中。今天，保持身體的清醒，它會轉而來靈活你的心智。這將會帶動你的生活中的每一個面向往前進，你將很快看到接下來的好處。

止水生毒。站起來！動起來！

第11天・作夢時間

正向的成長，意謂著回溯過去的陰影，並且療癒它，使之不至於影響我們的現在。過往的陰影是大部分人過不去的關卡，無法活在當下，因為人們被困在過去，如影隨形，無法往前。

處理過往，並非有趣也不容易，但這就是人間的遊戲。如果你想全面地活出人生，那你必須是完整的，而夢可以幫助你。

容格（Carl Jung）是現代心理學教父。他撰寫大量關於夢境，以及夢如何連結到集體的無意識，這是我們接通豐沛泉源的地方，也是許多心理情緒包袱推積腐爛的地方。如果我們不正視，就像一片雜草，恣意生長而失控。最後，我們開始說一些不堪的話、做出遺憾的事。醜陋的東西開始露出猙獰的面貌，而我們不知道自己會發生什麼事。一發不可收拾，那便大事不妙。

透過夢境，我們與無意識和潛意識的國度，有著深刻的連結。有些事物的出現，可以幫助我們看見自己人生的模式。我們可以越過自我建構的門面，看得更深更遠，並且挖掘內心深處阻礙我們的情緒包袱。這些事發生在過去，攻陷我們的能量場。過往不斷困擾我們、拖住我們，使我們無法往前進。

今天，花幾分鐘的時間，試著回想一些最近的夢。確實努力地回想。想不起來是正常的，但你可能會很驚訝當中的內容。做完這個練習時，拿一本筆記本放在你的床邊，告訴自己，**明天早上你醒來做的第一件事，就是記下你的夢**。距離醒來的時間愈近愈好，你將會發現記憶流逝的速度有多快。你的夢的日記可以成為改變人生的有力催化劑。若加上平常的「日記」，你可以回顧看看你差不多同一段時間裡，生活和夢境之間的關聯。通常當中蘊含了智慧、象徵意象、微弱的線索，以及可見的預兆，透過夢境為我們顯現。試試更覺知這條線索，用夢來作為你日常生活中的神諭，或是指引的明燈。

你愈能回想起這些夢境，並且寫在紙上，你就愈能從「另一邊的世界」找到更令人驚奇的課題。這裡有你可以取用的豐富信息，幫助你療癒過往，不再帶著它到當下。夢是連通的管道。

第12天・少即為多

今天讓我們來看看感染人們意識的「愈多愈好」的文化。它無所不在。我們真的很擅長製造東西，而且確實讓全球消費經濟起飛。事實上，對於任何我們面對的商業機制，我們通常是「消費者」。

這賦予你多少力量？你的生命是否比只有經濟生產與消費的能力更有意義？當然。

今天讓我們來看看你擁有多少「東西」。在家裡走一圈。不要忘記車庫、閣樓、額外的空間，以及不在場的儲藏設備。只要走一遍，建立一個心理上的標籤，看看你這幾年來累積了多少東西。它對你是否仍有用，還是只是增加你的負擔？

這些東西當中有多少是你超過一年沒有用到的？或者甚至連看都沒看過？你打算什麼時候再次看它們？你確定會用到嗎？我們經常執著於一些東西，認為它們太珍貴，不能放手，結果還是在我們忽視它多年後把它清出去了。今天能指出任何這些東西嗎？如果你想把這些東西留給你的小孩，也許該問他是否想要這種東西。

「東西」的問題，在於它會成為你的負擔。不論有意識或無意識的理解，你意識的一部分必須保留給你在人生中願意保留的東西。

今天，看看你失心瘋而去「購買的安慰」。拿出任何你不用的東西，擺脫它們。簡化、清淨你的空間，有助清淨你的心靈、解放你的意識。你會獲得更多的時間與幸福。

你今天可以擺脫什麼？捐贈物資很棒，可以真正幫助需要的人。你可以用你人生中的一些東西做這件事嗎？有哪些？今天，不要只是把它們擺到旁邊，放在另一堆永遠不會離開你們家的東西：把它們收集起來，現在就清出去。

哪些東西只是垃圾？今天就把它們丟掉，即使你從來沒學會怎麼使用那台現在已經壞掉的冰淇淋機，或者那支小孩已不再使用的曲棍球棒。從這裡得到教訓。垃圾掩埋場吞下的都是我們以為我們需要的東西。你可以從這個練習學到，不要再買這些物品。

清理生理上的空間具有清理心靈空間的附加價值，這是心靈的釋放，引領我們期待更廣大的空間。這項練習挑戰我們一直以來的習慣。**我們一直被訓練向外尋找解決之道。**我可以買哪一種鞋子、化粧品、卡車、運動器材或水晶，讓我的人生完整或幸福？到現在，你應該知道這是行不通的。**幸福與平靜是來自內在、來自於簡單。**

在這種情況下，少即是多。

擺脫垃圾，養成習慣，在購買前先問你需要某個東西嗎？你無法購買安慰與平和，但你可以在從容的空間裡自在呼吸。

第13天・將時間分段

利用時間的最佳方法，並且完全掌控你的行程表，就要學習如何「將時間分段」。這個意思是，將你行事曆上的一段段時間切分，配給特定的活動，並且遵循那些安排。電子郵件時間就是檢查信件和寫信；家庭時間就是家庭時間，沒有其他事物可以干擾。如果你正在寫一份報告，這就是你所需做的唯一一件事，如果你和別人約會，就全心和他們在一起。

要做到這一點的關鍵，就是放開錯誤的觀念，以為同時多工也許會讓我們表現更好，這是行不通的，那只會使我們更分心、更散亂、更焦慮。最有效率的人每次只做一件事，他們保持專注、把事情做好，然後做下一件事。下一件事可能是小睡片刻，你猜會怎樣？他們也睡得很好。為什麼？**因為當你每次只專心做一件事，你可以把其他工作或分心事物隔絕，保持心無旁騖**。明白你已經把今天重要的事安排進行事曆，意味著你不必擔心時間不夠。到了小睡時間，你可以好好休息，進入這輩子最美好的夢鄉。

今天，好好地看看你如何運作你的行事曆。你是否試著同時做太多事？你是否整天做了過多的承諾，結果發現自己在一艘下沉的船裡忙亂地補洞？這很常見。缺乏時間與缺乏注意力，這兩件事經常同時發生。如果你的注意力殘破不堪，你無法做好任何事；你可能會發現自己正在進行下一件事，而上一件事還沒做完，心力交瘁。

把你的每日行事曆想成是一台電腦。你應該打開幾個應用軟體？如果你在做一份文件，但同時打開了電子郵件、簡訊、會計、氣象預告和遊戲軟體，這樣對你的工作有幫助嗎？當然沒有！我們全看到電腦系統的效能在這種情況下會如何降低，但我們自己卻很願意這樣過日子。

今天，把你在生活中該做的事整理成幾個時段的活動。午餐是留給進食和喘息。當你每段時間只專注一項任務，工作會做得最好。與孩子互動，需要你的身心都在場，魂不守舍是行不通的，因為你的孩子會注意到，到頭來會唸你一頓。只要在分配的時間內，全心保持對那件事的專注，看看結果會怎樣。你得安排你的行事曆，讓它符合你營造的新架構，而且最重要的是，要堅持到底。守住界限，否則你會迷失。

確定你的行事曆中也安排了休息、充電、進食、家庭和娛樂的時段；如果你只安排了工作和責任，那不可能做好。在生活中，我們需要動態的平衡；而堅守一個健康的行事曆，能讓我們得到平衡。一旦你學會這件事，將發現自己更放鬆、更快樂。知道自己正在做此刻需要做的事，會有一種開闊感。你的壓力，來自那些突然擠進排程的鳥事。一次只做一件事，會讓你比較快達成目標，並且給你更多的時間來享受這個過程。

第14天・消化情緒

消化想法很重要，那情緒呢？情緒經常讓我們卡住。當有人說了一些令你氣惱的話，你會很容易忘掉嗎？你需要多久時間平復？

對大部分人來說，這需要一點時間。城市修道者一部分的訓練，即是學習建立一個正向能量的銀行存款，讓事情很快遠離你。這並不意味某些事不會影響你，這是人性，例如，你的孩子在學校表現很差，這很令人洩氣；父母亡故，寵物也會離開。世界上的悲劇與不幸不斷發生，這些事理應令我們生氣、悲傷、沮喪、惱怒，這也是人性。

問題的所在是抗拒。你是否給自己足夠的時間哀悼某一種失落？你是否給自己好好生氣五分鐘再冷靜下來的特權？大部的我們並沒有，尤其當我們憤怒時，我們會判斷情勢而不好意思表現出來，所以我們掩飾情緒，如此一來，慢慢醞釀累積成一種糟糕的情緒，或者易怒的態度。壓力也很類似，它在我們的系統裡亂竄，直到某個路人甲莫名其妙地被我們完全爆發的情緒掃到。

是不是聽起來似曾相識？

在我們的文化裡，這是個大問題，大部分人還停留在過往。你是否常常回想過去某個時間點，依然介意某人對你說的某句話？你重現這個經驗的程度有多深？你對那個時間點有多黏著？答案通常很嚴重。

「情緒消化」在我們腦海裡形成一個時間差，使我們與過去共鳴。當時應該怎樣、會怎樣、可以怎樣的情景，在我們的大腦中重覆演出，而我們滯留在當時，而非當下。

今天，想想你的生命中，什麼時候發生過這種情況？也許現在正在發生。昨天晚上是否延續了某些東西直到今天？甚至從去年就開始延續到現在？這都很有可能。

第一步，是要承認你是在當時。看著它，感覺它。

現在，回到那個事件，讓愛充滿你的心。在吸氣的時候吸進白光，在吐氣的時候將那道光發散到你整個身體。在臉上戴上一個微笑，讓你的心隨著這個練習變柔軟。

接下來，原諒那些與這件事有關的人，並且把光和療癒帶到這個你選擇觀照的場景。這可能需要幾分鐘，但順其自然；相較於你接下來好幾個星期將浪費的不知多少的時間，這一小段時間是值得的。

今天，每當你一有空，回想那個不堪的事件，繼續這個練習，將你的心充滿白光，然後將愛與原諒帶到你選擇療癒的回憶，讓它成為今天的功。花時間療癒它，將你的心充滿足夠的愛與能量，讓療癒成真。

第15天・用餐時間

今天，我們把焦點放在三餐上。在忙碌的生活裡，我們很容易忙過頭，忘了慢下來進食。在瘋狂忙亂的行程中，進食不見了，進食被降級為「備用時間」中的一個，但今天不行。讓我們把用餐時間拿回來。

用餐是一個儀式，是我們慢下來、真正擁抱緩慢時間品質的機會，以便滋養我們的身體，吸收營養，放鬆進入消化過程，這是身體得以強壯之處。

我們已經過度使用「打或逃」的同理神經機制了，身體處於危機的狀態，壓力會暗示身體儲存脂肪，把血液運送到大腦的反應部分，讓肌肉緊張起來，並且將能量從消化與免疫系統拉走，這並非長久之計，但卻是我們許多人過日子的方式，現在是時候打破這種循環。

今天，每次你坐下來用餐時，深呼吸十次到你的下腹部，並放鬆你的身體，這樣能立刻將你置入一種不同的狀態。副交感神經是人們消化、復原、治療和放鬆的地方。下腹部呼吸自然而然會把我們帶到那裡。

放鬆，安定你的呼吸。

現在看看你的餐點，這些食物其實正是生命。如果你的飲食習慣正確，你應該從非加工的來源獲取食物，真正的青菜、水果、穀類或者肉類（如果你選擇吃葷）。所有這些食物都來自最近仍活著的生命，你正在消化這些生命，讓它增加你身體的能量，滋養你的細胞。這個生命被放在犧牲的祭盤，讓你得以繼續生命，這是一件嚴肅的事。

花幾秒鐘感謝你眼前的食物，好好端詳食物一分鐘，聞一聞香氣二十秒鐘。在你吞下去之前，花一點時間品嘗食物，並且咀嚼至少二十次。每咬一口，在咀嚼與吞嚥的時候，就放下餐具，如果你是用手吃東西，就把食物放下。慢下來，對食物採取感謝與敬重的態度，這會改變你整個人生。

如此一來，你不只會更放鬆，還會吃得比較少、咀嚼比較多、消化比較好，吸收與滋養你的細胞，身體也比較不會有發炎現象。這個儀式伴隨著許多的好事，你會驚訝這些好處，好處會隨著時間累積。

今天是你的餘生的第一天，好好花時間吃每一餐，品嘗食物。慢下來享受飲食的儀式。這可能會比平常多花十分鐘的時間，但你會覺得比較不累，比較不緊張，也會在每一餐後更有精神。

理想上，每次用餐完畢，你該花十到十五分鐘單純地休息，享受關機時間。養成這個習慣會讓你更有活力、頭腦更清楚，帶來整體的健康，有效率地跑完那天剩餘的行程。

第16天・時間地震

你能想起上一次把你從「時間軌道」擊倒的事件嗎？某件把你從一天的時間軸中拉出去，使你停下來，陷入思考的事件。它可能是某次意外、某個疾病、事業挑戰，或者一位愛人。這件事的發生扮演模式阻斷的角色，將我們推離眼前的時間流。某件事改變了我們的時間軸，視事件本質而異，它可能會讓我們慢下來或是加快腳步，但明顯的部分是，在發生這宗事件後，時間有了不同的性質，這種扭曲可能持續幾小時或數年，依它扭曲你的現實程度而定。

這裡的啟示有兩層。首先，下一次事情發生時，你可以怎樣處理？你是否毫無準備？是否整個星期無法起床出門？它對你有什麼影響？我們可以從過去發生的事來學習，避免下次的錯誤。後見之明很好，但也要我們回頭看並從中學習，才能看得清楚。

第二個啟示細微多了。如果這個外部事件能夠轉變時間的性質或速率，那麼，為什麼你不能自己轉變回來？當重大的人生事件、創傷或壞消息改變我們對時間的覺知時，我們往往能接受，但這樣是正常的嗎？如果這些足以撼動時間性質的事件原本就會發生，那便接受它，但讓我們回溯那個事實，幫助你學習，讓這個事件在自己的生命中完成任務。

「暫停時間」發生在我們自己的意識裡。我們可以透過提升意識到更高的層次，來控制空間／時間連續流動的感知。這是古人的感知能夠如此寬廣的地方，這是冥想與瑜伽流傳如此遙長而且繼續對人們有益的原因。一旦了解如何調整內在的心境，我們確實能夠抓住時間速率的指針。所以，讓我們做這件事。

今天，我要教你一項特別的練習，幫助你感受時間速率的變動。

打開這個網頁：http://theurbanmonk.com/resources/ch2/。

去看看這個影片，做看看。這不會花費超過十五分鐘，但是隨著練習，當你感知它，應該開始能感覺到時間性質的不同。注意這中間的時刻，當些微不同的氛圍從快到慢，然後再回復。你愈伸展對這些時刻的感知，愈能揭開時間的面紗，以及如何在當中航行。有些事情無聲勝有聲。

去做這個練習，然後自己見證。

第17天・無所事事

道教的信條之一是無為，這是一種「不為」的狀態。這個概念在西方人的思維裡似乎是陌生的，如果你仔細想想，這是一劑良方。我們活在一種強調行動的文化裡，我們的表現與我們的生產能力是等同的，我們太常被驅使要去表現，要保持忙碌狀態。

所以，我們要如何保持平衡？今天來練習「存在」(being)。這可能需要一點時間來熟悉，而且，你可能會覺得自己瘋了，但那都還好。花十分鐘，只要靜靜坐著，體驗這種彆扭，不特地去做什麼。

我們要怎麼做到？很簡單，只要什麼都不做。

然後呢？繼續什麼都不做。

我要怎麼做到？

啊，原來。

這裡就是問題所在。我們依然嘗試去「做」不做事。這樣有道理嗎？當然沒有，但是我們大部分人不知道其他的方法，我們身處行動者的文化，我們從事的活動會定義我們，並且驅使我們成為更好的自己。也許這只是座右銘，或者是父母的價值觀，但不管怎樣，留意你的生活中永不停歇的傾向。

看看你的心如何一直尋找某件事來做，即使你正練習不活動，你仍然可以發現自己在「做」某件事，你可能在計畫晚餐、想想剛才雪莉說的話，注意到鼻子上的癢處，或者對自己抱怨「這個練習沒什麼用」——這些全都是活動狀態。

好吧，所以讓我們在你朝向無為道路的訓練中，做一個銜接的步驟。今天，當你做這個練習（十分鐘或多一點就很理想了），你可以被允許做一件事。你可以問你自己一個問題，而且可以一直重覆問。這是這個練習中，你應該做的唯一一件事。

這個問題是什麼？問你自己：**「我現在正在做什麼？」而不管答案是什麼，暫停下來，並且放鬆。**接下來，再問一次：「我現在正在做什麼？」再一次，放鬆。

這對禪宗僧侶而言，需要數年的時間才能真正精熟，然而，如果你真的願意，而且心無旁騖的做這個練習，也許你也會瞥見到嶄新的一面。

何謂嶄新的一面？一顆放鬆的心的平靜安定。想像一下，如果你能夠暫時停下你達達的馬蹄，滑進純粹休息的永恆空間，那會是什麼樣子？

那是你可以無限啜飲所有能量源頭的地方。現在，吊詭的是，你不能「做」這件事，但是你可以練習放鬆，進入這個世界。

享受它吧。

第18天・減速時間

現代人睡不著的主要原因之一，在於進入夜晚的步調出了問題。我們的生活太急促，整天都在乘風破浪。我們比以往更繁忙、做更多事，但是，當這種瘋狂的生活型態把我們沖到了睡眠的海灘，我們卻變得緊張又沮喪，我們沒有減速的餘裕。減速指的是慢下來，允許睡眠。

睡眠是一種放輕鬆的狀態，本會自然發生，不用特地去「做」睡覺這個動作。當我們順其自然地放鬆，完全陷入沉睡之中，睡眠就發生了。現代世界的挑戰是，我們整天在賽跑，一路跑進了夜晚。我們看電視、打電話、付款，之後，等到終於上了床，便努力踩煞車，然後睡著。大自然不是這樣運作的，而且我確定我們的確是來自大自然的。

今天主要的練習，是密切注意你夜晚的儀式，看看如何轉入睡眠。你在睡前的三到四個小時在做什麼？那些事讓你放鬆嗎？**在睡眠來臨前，我們的身體與心理需要一些減速。**我們的祖先在太陽下山後，很少接觸到額外的光。那意謂睡覺前較少的刺激和較低度的活動。你晚上做什麼事來減速呢？

螢幕上閃著藍光、興奮的音樂、數不清的電氣以及心理興奮劑，這些都把寧靜的黑夜擋住了。下午兩點後的咖啡只是雪上加霜。我們存在的這個世界，已經擠不進夜晚時分寧靜的能量了，只能靠你把這個平衡帶回你的生活。

看看你的夜晚生活是何面貌，看看你可以做什麼來把事情慢下來。你可以經常晚上拿著蠟燭在外遊盪嗎？也許，現在是讀一本好書，而不是追另一齣電視劇的時候；改成伸展操與真正的談心，而不是無心的娛樂與更多的刺激。

一旦你開始這麼做，你會慢慢見到睡眠品質的改善，白天會開始更有朝氣與活力，而壓力水平會開始降低，這是因為你的心需要一些緩和的時間處理與放鬆。緊急煞車有其代價，例如服用安眠藥的副作用，這在生活中很常見，但不是睡眠發生的健康方式，也不是我們從辛苦的一天恢復體力的最好方式。把一些「陰」柔融進你的夜晚，尤其是在週間晚上，如此一來，你的「陽」剛時間會更有生產力、更平衡。

今天的練習是在預定睡覺前，做大約三十分鐘的緩和伸展。讓燈光暗下來，安定你的身體。刷好牙，並事先做好你所有睡前的儀式，在五到十分鐘的伸展後，你就可以上床了。平躺在床鋪上，開始呼吸，深入下腹部。呼吸數次後，進行一連串的漸進式放鬆，從你的頭開始，一直到腳趾頭。慢慢來，只要隨著往下掃描你的身體，一邊深深地放鬆你身體的每一個部位、肌肉、關節、器官和每個區塊。放鬆到腳趾頭的時候，只要深呼吸幾次到你的下腹部，一邊慢慢地從十數到一，告訴你自己，每往下數一個數字，你就愈放鬆，覺得愈沉重。當一切完成時，剩下的，只要讓你自己漂進夢鄉。

這個練習非常有效，但應該要伴隨良好的睡眠健康儀式。把步調慢下來、減速，這要靠你自己。

了解不同的時間性質，以及如何跟著自然的節律走，是這裡最關鍵的一課。白天與夜晚的循環是最明顯的例子，當你諳於此道，將會發現其他的小循環俯拾皆是。打鐵要趁熱，可以休息的時候要休息，夜晚應該是輕鬆愉快的，如此你也才能輕鬆愉快。

第19天・避開偷走你時間的人

今天，我們要處理生命中的時間吸血鬼。你知道他們是何許人。他們是那些愛講八卦、談論連續劇、索求無度，或者製造麻煩的人，他們纏上你，把你從當天（或該星期，或者從人生）的計畫拉走。他們通常是與你非常親近的人，彼此進入了一種互相依存的關係。當我們與他們共處後，覺得更疲累、壓力更大、更煩躁，甚至沮喪，那麼，與他們在一起便是浪費時間。

你的時間是你的生命力的量尺，也是你所擁有的一切。無心地浪費在對你無用，也無法支持你人生目標的人身上，讓你感覺空虛、耗竭與脫離軌道。如果你覺得虛度時光，感覺很差，而且離人生目標更遠，那麼你該做一些檢視，找出時間從哪裡被偷走了。

今天，列出你最常與之共處的名單。從家人、共乘的友人、同事，或者雜貨店裡的人，只要做一個總體的檢查，看看你一天都到哪裡去了。你是否在飲水機旁邊花了太多時間？你隔板旁邊的人是否總是跟你聊一些沒意義的戲劇或新聞？是否有人不知道你的生命裡正在進行什麼重要的事，即使你知道他們每個私密的細節？

問問自己，為何你無法善待自己的時間？你是否對與你無關的對話或互動感興趣？

你是否知道該如何保護自己，免於被其他人榨乾，如此以來，你才不會把自己的精力花在他們身上，卻一無所獲？那就是第一個要揮刀斬亂麻的地方。

大部分時間吸血鬼都缺乏清淨的能量，需要說些無關痛癢的事來「打發時間」。他們需要某個像你一樣的人和他們一起沉淪。你是否對於參與這件事感到罪惡？

某種程度上，我們把自我犧牲誤當成善良。

這不是指要避開能使你充滿能量、提升你的生活的真誠對話；甚至不是要你杜絕所有的互動，只留下最重要的。這裡指的是：**保守你的界線，拿回你的時間**。要做到這一點，有很多很棒的方法，而大部分是關於劃定良好的界線。你得找到方法，讓你可以從拖累你今天目標的互動中脫身，以便維持專注，把工作做完，然後，也許和這個人一起去跑步，讓互動更有建設性。

你眼前的挑戰，是大部分的人都被困住了，還想拖別人下水，這樣比較不孤單。

你要盡其所能避免這種情況。

你有夢想和抱負，你從來不打瞌睡，你想要運動，你有比較想說話的對象。找出時間被卡住的地方，開始拉回來。起初可能覺得不自然，但這個練習會改變你的人生。

這是你的時間，停止無益的浪費。

第20天・人生大事

人生中時間的性質，並不是永遠一成不變的。某些時刻發生的大事，會在我們的記憶中占有特別的一席之地。我們會記住生日、婚喪喜慶的日子、畢業典禮，那得到大獎或告別婚姻生活呢？這些全都是值得紀念的日子，雖不總是好事，但確實值得紀念。

回想你生命中的大事，發生了這些事，而你現在過得如何？你可以想起那些事件的影像和聲音回憶嗎？不是因為你看了照片，而是因為你能記得這些經驗。當這些事情發生時，你是否，或者能否，領略到正在發生的事有多麼重大？

你即將到來的人生大事是什麼？你感到振奮嗎？你準備好了嗎？

今天花一點時間回想你過去重大的事件，以及有意義的日子，然後看看你往後不久的將來有什麼大事發生。當這個日子來到的時候，你要如何更有所準備，身心投入，並接納那一天？你可以從過去的重大日子學到什麼？你是如何處理的？

這個練習會帶來一個大哉問。我們如何在未來累積更多驚奇與值得紀念的日子？如果你觀看往後的人生時間軸，看到的只有無趣與單調，那麼，你可以開始做什麼，為生命帶進一些刺激？

生命中，我們需要一些可期待的火花。你的火花在哪裡？你能否規劃一次冒險、拿個學位，或者與配偶或小孩去旅行？**重點不是去期待可能值得紀念的未來的某一天，而是今天就跳出來，做一些新鮮的、跳脫舒適圈的事。**接著很快規劃另一個更大的冒險。前後想清楚，並真正專注在這些特別的日子，你想看到或感覺到什麼。確實連結到這種感覺，並且想像。一旦你這麼做了，就可以開始計畫讓它成真，放手去追求。

你剛才做的，是在你的時間軸上播下一顆種籽。也許要花好幾年才能看到果實，但現在已經存在了。用你的意向和意志澆灌它，跟著它的方向，以行動餵養這顆種籽。如果你真的想要它，「看見它」，並且感覺它，彷彿它此刻正在發生。在你的心裡留住那種感覺，這樣就足夠種下這顆種籽。

經過一段時間，當你學會與自己內在的自我有更好的連結，就更容易縮短從種籽到果實的時間。現在，只要知道這顆種籽已經存在你未來的人生軸上。讓它留在那裡，給它愛，滋養它。有了這項練習，你可以在你的人生軸線裡增加正面的人生大事，到了晚年，也會給你一大堆美好的事物來回味。

做大夢，往前衝！

第21天・家庭時間

我們是否經常將家庭時間和「其他時間」混在一起？一邊和家人在一起，又一邊檢查電子郵件、看電視、看書等等。這麼做的時候，通常兩件事都做不好。現在，如果你的情況是可以和親愛的家人窩在一起看書，享受這個空間，那麼真的很棒。你做得很好。世界上其他人在這一點平衡上還得努力。

今天，讓我們的家庭時間特別一些。和我們的家人（尤其是孩子）在一起時，與其試著同時多工，做多種不同的事，今天讓我們把我們的全部給他們。

這會是怎樣的情況呢？也許是走一段長長的路遛狗。意謂著沒有晚餐配電視或手機。這可能看起來像是一場遊戲派對、某種親密時段、健行，或者是火爐旁的時光。今天，讓你的家人知道，你想要與他們過一些有品質的時光，即使只是幾分鐘，並且付諸實行。

如果你的孩子大了，很可能每個人也很忙，和你一樣時間不夠。歡迎來到現代世界！在這種情況下，**營造優質時光，而不是大量時光**。你可能沒有一整個小時可以放鬆，但是，在車上的幾分鐘（這時沒有人盯著螢幕）聊一聊，或者晚餐時間（這時每個人全都在餐桌旁）彼此連絡感情，都有長遠的效果。一旦你立下了前例，你可以在接下來的幾個月，更朝往這個目標努力。也許，之後會變成家庭旅遊，或者某種更多閒暇時間的活動。

不用覺得彆扭或心不甘情不願，只要從現在開始，每個人都要試著做幾分鐘不一樣的事，並且持續下去。要身心同在，互相分享愛。立下一個典範，有助於營造一個空間，讓其他人加入。

如果你有小孩，等他們都上床睡覺了，事情都安頓好了，花點時間與你的伴侶（或寵物）相處。找些不使用電子產品的不插電時間共處，單純地連絡彼此的近況。生活中這樣的珍貴時間太少了，我們的關係因此惡化。

今天，你要把家庭時光拿回來。你珍愛你的家人和親人，做給他們看，與他們產生連結。這是你今後不會再有的時光。好好品味並珍惜。

第22天・消化時間

你的身體想要在進食中慢下來。你的大腦需要記下一頓飯的氣味、質地、口味和黏稠度，滿足它的需求。如果沒有機會做這些，大腦會繼續發送信號去吃更多的食物，即使腸胃已經因為剛才狼吞虎嚥吞下的豐盛午餐而尖叫。那是我們演化與適應的方式。

今天，你的功是在每一餐飯慢下來。

首先，慢下來品嘗每一小口，每吃一口至少咀嚼十次。品嘗你的食物，咬碎它。你的胃酸、胰酶和腸細菌都各司其職，但是它們需要你的牙齒和唾液先幫忙。如果不這麼做，會增加胃、胰和腸道不恰當的壓力，最後造成消化的問題。這些消化問題會導致吸收不良和能量下降，能量減少意味著用更少的時間來完成任務。吃太快實際上是榨乾我們的能量，根據這種計算法，快速進食還會搶奪了我們的時間。

從心靈的水平來看，今天是你與眼前的食物連結的一天。這個食物從哪裡來？它最近還活生生的嗎？它活得很好嗎？它是否充滿了活力，或者它是來自某種機器？這個食物在接下來幾天和幾個星期，將會成為你的組成分子。它會建構你身體裡的每一個細胞，供給力氣給你的大腦和免疫系統。

這意謂今天是你感謝食物（動物或植物）奉獻了自己的生命，讓你延續生命的日子。是的，這很嚴肅，**而且我們正需要嚴肅地看待食物**。

吃飯狼吞虎嚥會導致緩慢而痛苦的心靈死亡。你今天的任務是為每一餐飯暫停時間，感恩進食這項神聖行為。這會幫助你消化、融合與激發你的細胞，也會幫助你從「瘋狂列車」的時間行進中暫停一下，你的用餐時間都被「快速」偷走了。

把它拿回來。

用餐時間是神聖的，我們已經遺忘這一點了，進食是大自然中寶貴的時間，而且具有恢復作用。你需要在神智清明中暫停一下，讓你可以在這一天航行得更好。如果你要駕馭時間，你需要這項訓練。

今天，好好享用你的每一餐。

第23天・播客與有聲書

今天我們將深入尋找提升生命的方法。該怎麼做？透過資訊。今天，我們要用一些簡單但是重要的過濾器，來掌控你會接觸到的資訊。我們從每天接觸的資訊污染下手。無意義地坐在電視機前面，接受廣告和你不感興趣的節目的轟炸，這是毫無道理的。

現在有很多播客（podcast）平台供你選擇。iTune是大部分蘋果裝置的主要平台，但另外還有Stitcher、Soundcloud和其他許多播放軟體是為安卓系統提供的。你可以（在車子裡）用你的手機聽，或者串流到工作或廚房的工作台。今天，大部分的書籍都可以找到有聲書。

播客和有聲書很棒，因為你可以善用你的時間來聽。你可以挑選你想要吸收的，在通勤或運動的時候聽。你可以用很快的速度聽，或者放慢速度，流連在適合你、有娛樂效果、或者能滋養你的對話之中。

一旦你找到有共鳴的內容，看看它如何豐富你的人生。從別人身上學習，可以讓我們提升，這是一個重要的概念。如果某人在一本書或一段播客中講述他們人生的一部分，那是多年親身體驗、學習與總結的經驗；他傳授的智慧閃耀自他們經歷的歲月。你基本上是從一個數位包裡汲取所有那段珍貴的人生經驗，它會進入你的大腦，幫助你做更好的決定，並且在人生大海中航行時更順利。你想從誰的身上學習？你可以用你寶貴的時間收集到什麼智慧，加速你的成長、減少你的壓力，或者幫助你遠離一些錯誤的決定？這就是提升。某人一生的經驗總結在一個小時之內，這很棒。今天你要朝這個方向邁出一步，規劃你吸收的內容。

播客的類別有很多，包括健康、勵志、歷史、喜劇等等。重點是瀏覽一遍，找到能豐富你人生的內容。這全是關於規劃組織，**你得規劃組織你的時間**。一旦養成這種習慣，你會感覺更能掌握情況，能夠決定該如何花用時間。

有很多播客是談論時事、當代議題和火熱的社會話題，書籍更是包羅萬象。你對什麼感興趣？現在是踏出舒適圈、學習新事物的時候，或者，終於有機會接觸你一直想了解，但從來沒有時間去了解的事。也許，你只是想要安靜一下，這也很棒，但是，你今天的練習，是要花幾分鐘瀏覽，找到至少一個你下次有時間時可以聽的播客。

權力在你手上，你將選擇讓什麼資訊進入你的腦袋。學習主導時間是一段過程，而這段過程很大一部分，在於控制水門。不要再讓外在的影響，浪費你的時間。挑出你選擇吸收的內容，如果聽起來死氣沉沉或無聊，那就換其他的。重點是，你是一個駕馭者，那就表現得像個駕馭者。

第24天．溝通

近來我們花在電子產品的時間，大部分都被認為是在溝通。從電話、簡訊、電子郵件到社群媒體，我們都在運用科技以某種方式與其他人溝通。即使我們只是向這個世界發個文，這也是一種溝通的形式。

今天，讓我們採取比較傳統的方法，人類在科技發明之前，是如何溝通的？當然，那時候有口語，但也有各式各樣已經超過千年的非語言互動方式。

你今天的功，是要留意這些。從手部姿勢到眼神，注意你的世界裡人們傳達他們的想法時，所使用的各種方法。一個嘆息、聳肩、有意的瞪視，以及時間巧合的咳嗽，也都是我們「講事情」的方法。

今天留意這些事。有聽覺障礙的人在這方面有驚人的能力。他們觀看，而且真正看出我們已經麻痺的事。有視覺障礙的人則在接收細微聲響這方面有驚人的能力，他們聽得見我們渾然未覺的聲音。為什麼會這樣？因為，他們在這些感官上敏銳多了。

今天的功是動動你身上的這個能力，觀看並注意其他人。**試著與其他人用非語言的溝通方式，看看會怎樣**。如果需要說話，在用字遣詞時，選擇簡短與文雅的字詞，話說得愈少愈好，把這當成一個遊戲。

我們已經對許多事物麻木無感了。你今天的任務，是把它們喚醒，多留意你的環境。那麼多的漫不經心，而大部分的人以為，喚醒察覺能力只能在靜坐冥想墊上發生，但人生是一個正念覺知的工作坊。今天好好留意，確實放在心上。看看周遭的人如何與你溝通，如何嘗試用不同的方法與之磨合。看看情況將如何改變。

試試看，並好好享受。

第25天・處理待辦事項

近年來，如果沒有一份「待辦事項」清單，很難把一堆事情做完。這份清單是你為自己製作的，好讓你走在正確的軌道上。上面列出來的事，是為了你人生的進展，你認為你必須做的事。本質上，這些清單並沒有錯，而且這也很棒。那麼，為什麼待辦清單造成人們那麼大的壓力？

答案很簡單，大部分的人沒有完成清單上的項目，所以這張清單讓人們感覺在某種程度上，自己失敗了。

今天的功課是：你是否在這份清單上做了過多的承諾，或者，你對這份清單執行不夠有效率。在我的經驗裡，通常是兩者的綜合。意思是，你可能養成了一種自不量力，以及對事情的查核與執行不夠專注的習慣。花五分鐘關心你的「待辦事項清單」，看看是否符合實際情況。你是否把上個星期(或上個月)的事情拖到了今天？你為什麼沒有做好？你真的需要處理這些事嗎？如果不是，那麼，就把工作分派出去。如果是，那麼，是什麼問題使你無法處理它？

沒有做完的要事本身有很大的重量，會增加我們的心理負擔。如果你拖拉著這些負擔往前走，那麼，也許現在該對你目前的工作量減少一些承諾，以便趕上進度。你可以走什麼捷徑，以脫離你正身陷的混亂？你可以放掉什麼？必須留下什麼？一旦決定了什麼必須留下，那麼，就是你做好計畫並且堅持到底的時候了。也許你需要挑燈夜戰一下，硬著頭皮撐到底，完成那個令你苦惱已久的計畫。把昨天煩惱的負擔留到今天，是沉重的壓力，現在是做個計畫來協調與了結的時候。決心硬著頭皮撐到底，真的並不是最糟的計畫，尤其當你想到拖拖拉拉帶來多大的心理的、情緒的與心靈的緊張，只要你把這個策略作為暫時的因應方法，而不是把它當作一種生活型態。

如果你缺乏工作動機，通常那是專注、注意與能量的運作結果。讓自己進行每天的例行體適能運動，能夠打破這種一成不變。動起來，讓事情鬆動一下。最大的問題是背負著時間債務，而看不到出路。

安排計畫只是這場戰役的前半，堅持這個計畫才是困難的部分。當然，凡事皆有意外，有時也會失敗，但是把事情都推遲到星期五是不健康的。今天的目標是為你的待辦事項做好一個計畫，然後按部就班的執行。

把事情做好的最佳方式，是化整為零。瀏覽你今天的行事曆，然後為每個半天設定階段目標，例如切分成一段一段的時間，然後勉力完成。你對自己的期望要實際一點，加上一種持續的健康工作倫理。在每一天結束時完成工作，這樣你可以安心回家，覺得已準備好要享受一段個人或家庭時光。如果你的進度嚴重落後，做一個時間債務償還計畫，按照計畫進行，直到追上進度。這就像金錢一樣，你得看看時間流逝到哪裡，並且把任何鬆掉的地方支撐起來。這個練習會讓你在時間表裡新增新工作時，有更好的處理方法。它會幫助你實事求是，對自己務實。

我們全都有一大堆事要做，這樣也很好，而我們的處理方式，決定了我們會欣欣向榮，還是會在沉重的壓力下垮掉。今天，我們必須做正確的決定，並且掌控你的時間。

第26天・火力全開的時刻

不是所有時間都是均質的。一天裡的某些時間、一星期裡的某些時段、一年裡的某些季節、甚至人生中的某些時期，你必須兢兢業業，奉獻更多時間給事業或計畫，這是很自然的。

在古老的時候，人類在黃昏或黎明時，動物們前往水源飲水的時候打獵。中午時，人們休息以避開炎日。當人類開始農耕，我們會在適當的時節種植、鬆土、收穫。人們通常在冬天時休息、復原、喘口氣。當時的事情總是緊跟著大自然，人們隨著這些循環推移。在收割的季節，全部的人手都上場了，從早忙到晚。

現在呢？人工光源、溫控、冷凍食品，以及瘋狂的最後期限逼得我們整天團團轉，沒有任何預設的復原時間。少了休息的循環，我們被逼得太緊。那通常不是指「停止每件事」，因為大部分的我們無法耽擱太久而不做任何事。俗話說：「打鐵趁熱。」這形容很貼切現今的生活，因為我們必須比過去更注意自身的能量與專注力的自然節奏。

所以，該如何謹慎安排用盡全力，以達到最大的效果和更多的玩樂時間？

這就是今天的課。大部分的人在早上精神最好，頭腦也清楚、充滿熱情和動力。如果你是這樣的人，那麼，請在一早計畫今天的行程，做好大部分重要的事項／任務。如果你是那種需要幾小時開機的人，那麼，也許中午或中午過後是你的最佳時辰。雖然對大部分人不建議，但有些人就是要到晚上才開機，那是他們工作成效最好的時間。如果你是這種人，那麼，你要如何考量這項因素來安排生活？

關鍵是知道你精神最好的時候，把最重要的事情或任務安排在這個時間。今天看看你的生活型態，看看自己如何堆疊日子。是否有安排在下午四點鐘的事，讓你很為難？那些你計畫今晚等小孩躺平後要做的事呢？短期內是否無法避免，但今天讓我們用力看看這些模式，看能改變什麼？

過濾一下你的行事曆，最好是整個月份的，開始變更可以更動的事。許多成功的人物將他們最重要的工作安排在上午八點到十一點。你可以每三十到六十分鐘安排一小段休息，但暫時不接聽電話、避免電子郵件、將手機簡訊提示轉靜音，**投入你為這段時間區塊安排的任何事，並且把它做完。**

把事情做完有個好處，我們能夠安心，為什麼？因為那件待辦事項現在已經從你的心頭上清除掉了，終於處理好了。它不再荼毒你，懸在心裡。今天好好想想這個概念。

你有多少壓力是來自於工作過量，有多少要歸因於你可以著手改善的效率不彰？如果你能按日完成任務，獲得成就感，你會覺得如何？那麼，你就可以回家放輕鬆一點了嗎？也許你就更能全心全意地與家人共處，而不是心不在焉？

這是當然的。

今天看看你可以在哪裡安排「打鐵趁熱」的時間，並看看未來的行事曆。在你有能力的範圍做調整，並且觀察結果。年紀小時，當功課寫完了，我們可以出門玩。你有多久沒有這種經驗了？當你精力充沛時努力工作，之後用力放鬆玩樂，不需要愧疚。

第27天・永恆的時間

關於永恆，世界上古老的宗教與哲學都談了很多。我們很容易聽到後總認為：「喔，當然，天堂和死後的生命、涅槃之類的……」然後便繼續我們日常的生活。今天，讓我們慢下來，真正看清楚永恆意味著什麼。

單是我們試著要談及「永恆」這個詞，已經是一種挑戰。當我們「定義」某件事，試著弄清楚，這樣一來，方便把定義範疇之內的單獨拉出來，之外的放一邊，然後用大腦來理解。弄清楚某一件事需要我們畫一個範圍，好讓我們的心智在概念上抓住它。

所以，對於「無限」的概念，我們怎麼處理呢？

永恆暗示著無限。它在數學符號上的寫法，是一個橫躺的阿拉伯數字∞，它的線條永遠迴旋著。要定義不會為我們慢下或停下來的東西是很困難的。你一點都摸不著頭緒。

當古人談及永恆的時間，我們必須假設他們談論的事物是真實的，雖然他們談的是一個時間和空間都不存在的地方。不論你名之為「天堂」或「臨界」，這個「地方」是不朽的，充滿了潛力。這把我們丟進了一個語意學的泥潭裡，在那裡，我們談的是一個像

「天堂」一樣，有著永恆時間的地方；但是，我們真的捕捉到我們意指的概念嗎？永恆意味著無止境。

今天，讓我們花一點時間在這個概念上。如果你抱持著你的靈魂或意識是永恆的想法，那對你而言的意義是什麼？那意味著，你是永遠沒有盡頭的。你真正的這個人，永遠都一直在，也永遠會存續。時間之外，還有你。**你的存在沒有開始和結束，所以，生命住在一個無盡的非線性的時間之河。**

想一想這件事，再想久一點，用力地想。

我們習於以現在的角度來定義事情，來「了解」事實，使得永恆打破了我們的理智，我們無法思考它，因為坦白說，那裡什麼都沒有，但這不是說，**並非每件事都深植於虛無之中，反之亦然。**

今天，花點時間思索永恆的本質。真正的永恆到底是什麼意思？你的哪一個部分會繼續下去？如果你想像你五千年後想要成為誰，那會是什麼樣子？如果你永遠不會死，那將如何改變你看待今天的方式？

你可以如何回想起，並連結到你永恆的我呢？你的肉身會敗壞，葬在荒煙蔓草中，消失殆盡，肉身裡的靈魂呢？那居住在你心裡的意識呢？會去哪裡？它現在在哪裡？你如何和它聯繫？

這是真正的功課。

挖深一點，與人工建構和自我防衛背後的「我」連結，深掘出真正是你。

你人生的工作應該包含了找到這個答案，陶冶它的存在，並且穩固你與它的連結。你永恆的自我是你一直在尋找的寶石，而它就在你的身體裡面。當你削弱所有的雜音和偽裝，將能找到「真正的」你。今天挪出一些時間來省思這件事，你與時間的關係將會煥然一新。

你永恆的一面才是真正的你。

第28天・喘息時間

今天讓我們來回想當你做心肺運動時，得停下來喘個氣的那種感覺。如果你注意保持健康的身體狀況，就不會太辛苦，但我們常有這樣的經驗，站在操場邊或者跑道上，上氣不接下氣，等著喘過氣來。

長跑選手、游泳選手、足球選手，以及幾乎所有精英運動員都知道，要避免陷入這種狀況的關鍵，就是要穩住你的呼吸。這個意思是不要做超過自己能力的事，以致於你得停下來復原。這需要對「界線」的覺知。我們都有這項覺知，而且它似乎會隨著睡眠時間、我們吃的食物、所處的壓力、年齡、是否感冒而有所不同。

現在把這件事放入你人生的情境。你過的人生是否像一連串的衝刺，讓你得停下來喘口氣？這是過日子最好的方式嗎？

大部分的我們活在臨界點，經常每天越線，在工作上把精力耗盡後，跌跌撞撞回到家，癱在沙發上。或者，甚至我們還沒開始工作，就已經氣喘噓噓，這也是為什麼我們在辦公室總是失誤連連。也許我們因為面臨個人問題疲於奔命，因而對我們的親人已無招架能力。

今天的任務是誠實地問你自己，你是怎麼過你的日子？你今天的界線在哪裡？你能夠合理地運用多少能量，而且會覺得桶子裡還有瓦斯，足以讓你保持好情緒，有足夠的彈性處理小危機，或者任何人生丟給你的球？穩住呼吸、萬無一失地處理你的日常工作需要什麼準備？你需要慢下來一點嗎？也許是接少一點任務，以更清晰的頭腦與專注力完成眼前的事？為了達成這個目標，你需要做什麼調整？

當你得跑兩百英里（約三百二十公里）遠，若一起跑就衝刺，耗盡能量，這不會讓你順利抵達終點。人生很漫長，你得為你的家人挺住。你還有很多年可以在這顆星球上好好享受。你現在跑的速度與此牴觸嗎？冷眼客觀的檢視一下。

開始條列你需要慢下來的事，然後規劃出一些你認為可以做的想法。這可能需要與同事或家人有些討論。做出調整是成熟的一種指標，跑者學習配速，衝刺者在競賽前充分放鬆。要在人生中達到這個平衡，看看你需要什麼，**因為當你穩住自己的呼吸，奇妙的事就會發生**，時間的性質將緩慢下來，萬事萬物感覺很有禪味。「衝刺和喘氣」的生活型態壓縮時間，感覺起來更有壓力，令人更焦慮。找出能長久運作的節奏，記住穩住你的呼吸，這會改變你的人生。

第29天・臨終智慧

我們很少聽見即將死去的人說，他們後悔不夠努力。懊悔的通常是耗掉在工作中的時間，沒有好好陪伴親人。也許他們懊悔遠離了他們的親人，或者在某個時間點失去了自己。臨終的悔恨總是較深沉、更具人性。

你呢？你是否曾經停下來檢視你的人生座標？好的，這就是今天的練習。

今天花幾分鐘，在一個安靜的地方坐下來，把你的眼睛閉起來，開始呼吸，沉到你的下腹部，花幾分鐘的時間靜心與放鬆。

此刻開始想想你的未來，躺在你將死去的床榻上，回想你活過的這些年。你想感謝什麼？什麼帶給你最大的喜悅？認真地想這個問題，感覺這些感受。花點時間想想。

現在，換個角度。你有什麼遺憾？你覺得自己在哪裡浪費了你的時間和你的生命力？值得嗎？你該怎麼走接下來的路，什麼是可以避免的？你在哪裡受阻，並停下了你的人生道路？那很痛苦嗎？感覺看看，花點時間想想。

在這裡花點時間，看清楚你所目睹的，允許情緒籠罩你，把情緒看通透明白。

現在，是時候重新調整一些事情，拿起一支筆和便條紙本，或者把這些筆記記在這本書，或者你的手機裡。

如果你「未來的我」從他們的臨終臥榻上跟你說話，他們會給你什麼建議？

- 他們會要你避開什麼？
- 他們會要你親近什麼？
- 你應該把能量用在哪裡？
- 他們覺得你在哪裡浪費了你的時間／人生？

確實地接收這個對話，感覺它，傾聽它。

你的「未來的我」認為，你現在在哪一個位置？你是如何運用你寶貴的時間？你可以有不同的作法嗎？也許是做更好的決定？也許需要花一點時間擺脫眼前的泥淖，但是，為了往更好的方向移動，你接下來的幾個步驟是什麼？

承諾你未來的我，說你不會浪費你的生命。承諾你會改變現在的行為方式，讓你完全擺脫那些痛苦的悔恨。**全心投入那些改變，決定你下一個清晰的步驟是什麼。今天就踏出那一步。**

三不五時地閉上你的雙眼，回到這個情景。問你自己，你是否還在軌道上？從臨終的床榻回首，你是否做了改變，走上正確的方向？當事實成為見證，你能看見未來的你臉上的微笑嗎？如果答案是肯定的，那很好。如果沒有，那麼，你需要調整！

這個練習可能會在未來的多年裡，成為指引你的明燈。它能幫助你走在你人生的軌道上，將你的時間投資在正確的人、活動、夢想與可能性上。

第30天・園藝工作

慢下來、與大地連結的最好方法之一，就是園藝。園藝能教給我們耐心，幫助我們了解生命的周期。等待種籽發芽需要一段時間，而視植物的種類而定，要看到預期的結果，得等上好幾個月。有些果樹甚至要好幾年才會成年結果，得到報酬。

等待的人有福了，雖然我們的文化氛圍崇尚走更快、走更遠，直到我們不支倒地。在今日世界裡，我們被驅使要立即得到滿足，沒有一件事會被嫌太快。當某個網頁花了多一秒的時間下載，我們便焦躁難耐，如果前面等紅燈的車子晚一點起動，我們就按喇叭。

園藝工作有助馴化這種傾向。

我們會明白，生命需要時間來成長，自然的韻律是循環的。種植有時，收穫有時。工作有時，休息有時。

今天，進到你的花園裡。如果你已經有一個花園，花一點真正、不受干擾的時間來照顧它——檢查它們的葉子、聞聞泥土花香，如果需要，幫它剪枝，並觀察每一種生物是如何生長的。如果你沒有任何植物，該去採買了。如果你空間不夠，可以買一株蕃茄，或者是放在櫃子上面的一盆仙人掌。重點是與一顆種籽連結（它帶著生命能量與訊息）並且把它養大。

成長是緩慢而穩定的。

正確的條件是成功之要。

園藝工作能為我們的生活帶來清醒的頭腦，給予我們有力的自然隱喻，成為對抗現代瘋狂生活的過濾器。養植物有一種儀式，你必須為它澆水、檢查土壤、給它一視同仁的定期基本照顧，慢下來享受這個過程，為每一季定下目標，保證將會有一個豐美的收成。**向前看，事先規劃，這樣便可以緩衝來自你自己不合理期望的壓力。**將你的手伸進泥土裡，觸摸長在土壤裡的生命。

與生命連結。

當我們接觸泥土，以樸實的方式與生命連結，將會啟動一種有力量的迴路。當你體驗到時，你就會明白。如果你已經體驗過，那麼，回到泥土裡。如果這對你而言是全新的事物，那就好好享受你將要擁有的驚奇體驗。

第31天・工作前的架構

木匠這一行有句老話：「量三次，切一次。」這似乎比較像是一條工作準則，但也有助避免浪費時間和金錢的高代價失誤。這是一種度量的人生，但「規劃」這個詞在我們的辭典裡已經消失了。

現今，我們很容易做出匆忙的決定。行銷手法使人們衝動，在審慎考慮物品對我們的整體價值之前，便下手購買。這種情況現在已經蔓延到生活中的多種範疇，我們只是「往前衝」，直接跳進水裡，而沒有先確認水的深度。

今天，讓我們稍微慢下來。在商業上，有句話堅持「工作之前先架構」。這暗示著，如果先畫出我們的軌道，做出一個計畫，那麼，這件工作就變得不說自明，簡單多了。或者換句話說：「無法計畫，即是打算失敗。」

讓我們用這種架構，看看你今天的生活。

你正在做的事情裡，有哪些是你立即反應的結果？你花了多少時間回去修補你一時的決定？例如，你是否常常得回去賣場，退回後來決定不需要的東西？這就是花今天寶貴的時間，彌補你昨天錯誤的決定。運動傷害呢？你是不是又忘記運動前伸展，結果在球場上受傷？關節的疼痛和僵硬後來惡化成跛腳，很難繼續運動。從意外發生開始，也許你這星期已花了兩個小時去按摩，每天得冰敷。相較於事先熱身十分鐘，這樣值得嗎？

看看你生活中類似的例子。對於時間，我們很容易因小失大。它總是回過頭來反咬我們一口。

在工作的情境裡，你花多少時間規劃下一步，或者安排優先順序，而不是一頭栽進電子信箱裡的第一封信？如果你眼前有堆積如山的工作，你只能一點一滴地把它做完，或者可以做一個反擊計畫？花一點時間從上而下思考，才是長久之計。白板很適合來做這件事。然而，你需要組織你的想法，關鍵是建造一些架構，然後用你的能量填滿它。留一些時間規劃、做心智圖，為你一週的工作做好策略。今天，**翻開你的行事曆，規劃出一些時段來做「規劃」這件事**。

如果你每個星期不用回頭收拾好幾個爛攤子，你的生活會是什麼樣子？如果你只需要執行，或者事先一次想好某件任務，而不是在進行工作的同時，執行、調整、修訂，來回好幾次，那你可以在一天裡多做多少事？

記住，耗費能量就如同花費時間或金錢，它們稍縱即逝。智慧是來自於用對方式，學習主導你的時間、金錢與能量。

第32天・傾聽噪音

我們住在一個每天被噪音轟炸的世界。噪音無所不在，而我們已經對生活中的噪音污染習以為常。過去，我們聽見的聲音是鳥獸蟲鳴。那是一個龐大的溝通管道，告訴我們捕獵者在哪裡，我們的下一餐可能在何處。除了汽車輪胎刺耳的煞車聲，或者救護車聲，我們今天所有聽到的噪音裡，很少具備有用的訊息。然而，它還是會影響我們。我們的大腦會記上一筆，而且，在大腦深處的某個地方，我們得處理它，「我有危險嗎？」並在心中警戒。經過一段時間，這成了一件累人的事，為什麼？因為聲音是根據頻率發聲，它會送出聲波和不同的速率，這些會撞擊我們、影響我們，不論我們覺察與否。畢竟我們身體的百分之六十是由水組成的，想像那些聲波會如何吹皺身體的每一個細胞。

時間也是有頻率的，它有節奏。你覺得你的感官被這些聲波不斷轟炸，會如何影響你對時間的感知？會攪動它嗎？會使它加速？還是變慢？這全得看你所身處的聲音交響樂以及你對它的認知，它像「時間大海」。今天稍晚你到一個公共區域時，只要停下來聽聽你周圍的聲響，你感覺舒適？或者你的身體會告訴你：「讓我從這裡離開吧。」孩子無法過濾噪音，你會發現小孩在一個瘋狂躁動的環境會變得如何焦躁。噪音是令人煩躁不安的。

我們大人呢？我們已經披上一層又一層的心理防護，我們應付它、留在原地，但為什麼要忍耐呢？噪音攪動你的心智、干擾你在時間流中放鬆的能力。

今天，真正地停下來感覺噪音，花幾秒鐘吸納身邊所有的聲音。**今天來感覺噪音幾次，來感覺你內心的變化。**

如果你認定某些聲音很吵鬧，你可以離開、請他人閉嘴、戴上隔音耳機，或者播放自己的音樂，加疊一個頻率來蓋過它。這則故事的啟示是：不要站在那裡逆來順受，沒有人是強壯到在噪音污染中能夠毫髮無傷，崩潰只是時間早晚和程度的問題。

為什麼要懲罰你自己？為了決定自己的經驗和掌控時間，今天，你到每個地方時，都注意聽那裡的雜音，並且問你自己：「這讓我覺得舒服還是糟糕？」「這令人不安還是很舒適？」「我可以在這裡深度放鬆嗎？或者有萬箭穿心的感覺？」

你可能無法逃離那裡，但是，**這個練習能幫助你更感知到身處的空間，以及那個空間裡時光的品質。**一旦你找到自己在空間與時間的位置，那麼，你就知道你站在何處，可以從那裡往正確的地方移動。你也會培養出聲音如何影響你的心情的敏銳感知。

停下來傾聽吧。

第33天・地面的時間

你上次在地上活動是什麼時候？那是我們的祖先休息時最常待的地方。不論是坐在火堆邊、圍成一圈、打獵時蹲下來，或者睡在一個墊子上，我們的祖先一直與地表有著親密的接觸。

這對身體和心理都有美妙的貢獻。對身體來說，它有助利用姿勢肌，讓我們保持直立（沒有現代家具的支撐）；它有助打開下肢與髖部，告知我們的身體哪一部分緊繃了。就心理層次而言，這幫助我們與無數來自地球的負離子連結，有助於趕走身體上的發炎，同時也讓我們與地球的強力能量流連結起來。

「舒曼共振」是我們四周背景雜音的頻率。它來自大自然，通常以接近七・八三赫茲的頻率振動，這與大腦α波的韻律近似，α波的頻率（八至十二赫茲）通常與靜坐和意識放鬆的狀態相關。在大腦實驗室中，以腦電波圖測定電極量測得資深靜坐者，他們在靜坐時，此範圍的頻率特別強烈。

想想看，地球已經用一種理想的波長運行，在地表活動一段時間能讓我們與這個波長同步，慢下來到一種比較健康的、接近靜坐冥想的「時間印記」。現代生活的速度經常使我們以高速運轉，我們身邊的人也身陷其中，所以「瘋狂是一種新的正常狀態」。

但你不行這樣，至少今天不行。

坐到地板上，在那裡消磨十五分鐘。脫掉你的鞋子，坐在地上。理想上，你分配這段時間做一些伸展、滾動、盤腿坐，或者其他任何你想在這裡待上一段時間的方式。只要覺得在地上待得舒適，並且慢下來。**感覺你下面的大地，緩和你的呼吸與它同步。**不要看你的手機，或者窩著看電視，只要待在那裡，看看感覺如何。剛開始可能覺得很怪異和無聊，但你放鬆時會更好，與自然環境同步時，你會更神清氣爽。

在做這項練習時，要避免看任何螢幕。「科技氛圍」是不好的，不要陷在當中，只要在你需要時使用就好。留在大自然裡，感覺自然在你的身體下面，做這個練習時，允許你自己慢下來。科技是一項工具，不要誤把工具當現實。

緩慢不是懦弱，會認為緩慢不好，是因為對你有害的文化因素使然。你可以從地球引出力量，而且這樣可以讓你用更健康的速度來過那一天接下來的時間。

今天，你將練習回到地球這個家。

坐下來，放鬆幾分鐘。

第34天・微笑

今天的功很簡單：你將整天練習微笑。不需要感到奇怪或刻意，但要進入一種心態，讓你用一個簡單的微笑，搭起與其他人之間的橋梁。

為什麼？因為我們天生對微笑會有歡喜的反應。微笑是一種破冰利器，情緒緩和劑。看看你的四周。大部分的人跌跌撞撞地過日子，憂心忡忡，愁眉不展。也許你最近也像他們一樣。

今天讓我們來打破這種情況。

每次和其他人眼神接觸時，打心底送給他們一個溫暖的微笑。無條件地這麼做，意思是，如果對方沒有回應、對你皺眉頭，或者沒有回報一個微笑，你都不能生氣。那是他們的問題。你的工作是在庸庸碌碌度過這一天時，單純地散播溫暖，愛上每一次的微笑。

如果你是一天裡見不到幾個人影的這種類型的人，那麼，今天特意去人們聚集的地方，練習這項功。只要四處走走，一邊做你的事，臉上帶著微笑。

看看一天結束後，有什麼不一樣。你覺得如何？你的心情和平日比起來，有沒有任何不同？為什麼會這樣？

你是否認識新朋友？或者聊一個有意思的話題？留意你得到的回應。

一個微笑能在天時地利的時候，融化一條冰河。你可以用這個練習改變某人的運氣，你可能挽救了某個自殺事件，或者將某人的一天導向較好的決策。你的微笑就好比是一隻內布拉斯加振翅的蝴蝶，啟動了一場日本的海嘯。美麗的小小動作能讓我們伴隨與理解他人的能力遠颺。

只要讓溫暖飛翔，然後看看你的一天如何大洗盤。

第35天・源源不絕

能量從哪裡來？為什麼我們喘個氣、休息幾分鐘後，便覺得好多了？我們是從哪裡回復能量？

今天你得停下來，認真思考這件事。在此刻的寂靜之中，你有機會進入一直存在的驚人時空。在這個地方，你不停留在你的過去，也不煩惱你的未來，只是單純地出現在此時此地，這是我們的靈魂導師所說的境界，我們可能理解之後點點頭，卻依然回到我們瘋狂的日子。但今天不行。

今天，你的功是暫停時間，並從無限中汲取源源不絕的時間。

這是什麼意思？

意思是，設定你手機或電腦裡的計時器，每一個小時省察一下自己，問自己這個非常重要的問題：「我現在正在做什麼？」不論答案是什麼，都先停下來，做幾次呼吸，專心地深度放鬆，並且什麼都不要做，維持三十秒。剛開始時，大約都只是看看計時器的指針。過一段時間後，你會愈來愈熟練，切身感覺到「無為」或「單純存在」的境界。

雖然你現在會覺得這主意聽起來很怪，沒關係，只要每一小時停下來三十秒，好好地深度放鬆，會讓你有不同發現。

發現什麼？

發現被鎖在寂靜的此刻的無限能量、時間與潛能。神祕主義者學習從這個空間挖掘能量、清淨、智慧與幸福，而且我們與生俱來擁有相同的能力，我們只是遺忘了。

把今天想成是你回到初始狀態的歸程，在那裡，你可以引誘出內在深處龐大的能量庫存，這個空間只是一種意識的漂離，一旦你找到進去的途徑，將會是你遇過的最大寶藏。

現在就停下來擷取能量，從無限中源源不絕的擷取。

第36天・減少眼前的承諾

讓我們看看今天眼前必須做的事，這些事隨著時間而累積，而我們很少檢視它們，決定它們是否仍符合我們的需要。有些承諾是一輩子的，有些是長期的，有些則是一時的。不幸的是，有些留下來的時間過長，本來就該被清除，但卻很少被處理。你的婚姻、你的孩子、你的事業、你的健康、你的人際關係，這些全是承諾。今天，讓我們來看看符合我們需要的承諾，以及拖累或榨乾我們的承諾。

列出你人生中承諾的項目，寫在一張紙上，記下所有你想到的。小狗需要餵食、被愛、需要遛牠；房子要維護；年邁的父母有很多需求。寫下你目前所有的責任。一旦寫完全部重要的事，毫無疑問地，你會想到其他更多的承諾：你承諾要去上的課、你說你要參加的讀書會、進行中的整修計畫。任何你承諾的事，現在都在清單裡了。

每一年，都有上百萬項的小承諾需要處理，從答應參加滑雪之旅、回覆一場婚禮是否出席、選擇參加一場網路峰會，小至買一本書，這些都是承諾。你當然不是只買了那本書後，就擺在床邊櫃，假設你得花一個月把它看完，那你覺得你會拖延幾個月的時間才能讀完？每個細節裡，都有它的壓力，這些承諾壓力永遠都在。

你看，一旦開始真的把承諾列出來，累計所有這些你答應過的事，這些事就以相當快的速度累積。每一件你答應的小事，都需要你的一些關注、腦力、靈魂和時間。因為如此，大部分的人都疲憊不堪，這不是很奇怪嗎？

你到底要如何解決所有這些事？這是現代世界的危機。時間太少而要做的事太多。如果你想要掌握你的人生，你必須對現在時間與精力的花用非常清楚，這樣你才知道有什麼工作要做，**並用它來當作「篩網」，幫助你決定是否還可以負載其他事物。**

今天，看看你錯縱複雜的承諾之網，想想什麼是對你有用的。你可以撤退嗎？要如何優雅地撤退？也許你要從某個人那裡得到解除承諾的出口，這也沒關係。檢視你的時間與心理能量受困的地方，然後為自己想出一個負責的退出方案。當你開始這麼做，你會發現在許多情況下，從「答應」到「拒絕」的改變，是充滿挑戰的，這將能幫助你在日後遇到類似情況時，對於不需要的機緣，好好地拒絕。

想一想，你今天清理了你的時間櫥櫃後，感覺如何？看看你每個星期可以藉由這個練習釋放出多少個鐘點？而且要將好好選擇適當承諾成為一種習慣。筋疲力盡的人生沒有活力，如果沒有時間享受，就不算度過人生。

第37天・轉換工作場所布置

工作是個容易使人們昏昏欲睡的地方。我們到班，然後忙著手邊的工作。我們的時間被專案塞滿，有些天裡，我們幾乎沒有時間抬個頭，或者記得照顧自己。

今天，我們要改變一下這種情況，移動一下你辦公桌附近的照片，重新安排牆上的東西。如果可以，稍微移動整個工作位置，重點是從環境上破除你的工作場所，營造一種阻斷模式。

你太習慣工作場所的擺設，你太安逸了，這會催眠你，使你想睡覺，關閉你對環境的警覺。這會鈍化我們的感官，奪走我們的火花與創意，開啟空間感知會暗示身體保持警醒，讓大腦在更統合的狀態下工作，這樣會很好。

移動你可以移動的，如此一來，你的空間會「不一樣」，看看這改變帶來什麼感覺。你可能需要澆花、點燃一些鼠尾草、撢掉一些照片上的灰塵，或者將一些堆疊的資料歸檔，這樣很健康，混亂會使心智麻木，環境中堵塞的能量，會堵塞能量流經你的生命，你不會想要這樣。

今天來擾動一下工作場所的能量，看看你覺得如何。從這裡開始，花幾分鐘想想你工作上有什麼不順；你能看清楚困住的一些地方嗎？也許，**現在正是清空陳年待辦事項的時候，以便同時清除你的心靈空間。**

你看，我們在四周所見的，通常是內在狀態的反映，從外而內地整頓，可能會有助益。

祝你玩得開心。

第38天・做白日夢

你是否經常發現自己在做白日夢？你通常去了哪裡？你在想什麼？

通常，我們會重覆播放一些情境，是我們想要它們發生的，或者想像自己做一些懼怕做的事，也許你出神去了某個地方度假，享受遠方的陽光，遠離你被困住的昏沉日常……你是去了哪裡？

做白日夢是很正常，也很健康的，這是人類經驗中很棒的一部分，但是，對許多人而言，它已經變成一種干擾，逾越界線了。我們需要為自己的想法和情緒找到創意的出口。我們在夜晚的夢裡處理這些許多訊息，但不幸的是，很多人有睡眠障礙，意思是晚上睡不著，導致在白天滿溢出來，大腦需要宣洩。

對其他人來說，從來沒有可以發呆或是發揮創意的空間，我們的學校體系是罪魁禍首。進校園、坐下來、嘴巴閉起來、注意聽、不准打瞌睡、考試，然後進入下一堂課……這對小孩而言，是沒有任何想像與創作力的空間，而我們就是那些小孩。

想一想你上次做白日夢是什麼時候？很不錯嗎？或者太超過了？你是否在處理過往的記憶，消化訊息，或者，你只是在想像的國度裡任意浮沉？時間差使我們不斷捕捉昨天的意念想法。這是「心理消化不良」（mental indigestion），而且我們大部分人會覺得有罪惡感，因為我們把事情塞得那麼緊，以致於沒有時間去消化剛才發生的事，然而，有時候有必要處理一下，也許那就是你剛才做白日夢去的地方。

如果做白日夢已經成為你生活中的一種干擾，那麼你真的得看看你的日常生活中有什麼不到位的，而你也許可以增加一些創意時間來修復。也許你需要多一點散步。也許，你需要重拾那支舊畫筆，發揮你的創作力。這因人而異，問問你自己需要的是什麼？

本質上，做白日夢並沒有錯。過去，我們的祖先中午會小睡，在最熱的幾個鐘點裡隨意打發時間。在寒冷的冬天，他們可能把自己關在茅屋裡，也沒有電視可看。人們大部分的時間就在想像、講故事、發揮創意以及做白日夢中度過。今日的你，要如何獲得這些出口？你要如何規劃，讓你的身心覺得完整？

沒錯，有一些時間和地點比較不適合做白日夢，而且可能成為你生活中的干擾。那麼，你要在哪裡找一個空間，進行這項重要的人類活動，以便可以在工作時保持專注？你要如何稍微轉換一下生活，打開「創作壓力紓解閥」？

今天的練習是框出一些時間，專門做白日夢，想像一個你想要的旅行，想像那裡的景色、聲音、質地。只要閉上眼睛，想像你在那裡。現在，在你的心裡走一走，探索這個國度。只要微笑，並且「看見」你展演出來的景象。安排大約二十分鐘做這件事。

做完之後，你感覺如何？它會幫助你降低壓力和大腦裡的高β波活動。它會增進你的θ波頻，這有助為大部分繁忙的人建構整體大腦健康。有時候，我們會有一種舒服的腦波出入。**想像開車時打到低速檔，讓我們能夠順利前行，而不需要不斷去催油門。**

在你的生活中安排一個做白日夢的時間，可能會有不可思議的療癒效果。享受這個過程，你擁有權力作白日夢，或許很多人會覺得有罪惡感，但你不用這樣想。

第39天・核記時間

今天我們要做一項查核，檢視我們的時間到哪裡去了。就像負債一樣，清理問題的第一步，是要知道錢流失到哪裡。讓我們翻遍每一塊石頭，記下你整天做的事，不要下評論，讓我們冷眼旁觀你的時間到哪裡去了。

第一步是查看你的行事曆，是否準確反應你的日子是怎麼過的？如果不是，可以怎麼讓它和實際情況相符？那些漫無目標的時間區塊在哪裡？

從那裡開始，用你的手機或是平板，設定計時器，每十五分鐘響一次。**你一聽到聲響，便停下來，快速寫下你剛才的十五分鐘在做什麼**，盡可能詳實，或者在你認為不夠有效率的地方標註星號。記錄從醒過來到上床睡覺的一整天。

這可能看似痛苦，但你最後會在當中發現寶貴的資訊，這不是說你不許放鬆或偷懶一下，完全不是這樣！事實上，**我們的希望是不帶罪惡感地找到更多偷懶的時間**，那要怎麼做？

我們要嚴肅認真地核記時間。

今天來找一找什麼時候我們看起來很忙，但卻沒有得到成果。你可以做什麼事讓工作或家事更有效率，讓你在一天裡能有更多專心放鬆的時間？或者，也許你從來沒有時間運動，這個練習有助取回那些溜走的三十分鐘運動時間，進而改變你的生活。

以上完全不是要你成為一個機器人，正經八百地過一天。這僅是一個覺知的練習。你需要知道你（用時間衡量的）珍貴的生命能量去了哪裡，以評斷你對它是否滿意。如果答案是肯定的，那麼很棒，你的狀況很好；如果不是，那麼這個練習會顯現許多你可以在生活中開始努力之處。

讓我們更覺知，更活在當下。

第40天・時間與金錢

用時間換取金錢是這顆星球上大部分的人們無法擺脫的事，這糟糕透了。用你的時間裡換算金錢，而這其實是你生命的度量。當時間到了，你的人生就結束了，很難給你的生命安上一個價值，而且老實說，這有點不敬。

這裡有一個簡單的數學題目：如果你每個小時賺三十美元，而且還有二十年可以工作，那麼，**你就會在你的餘生得到超過一百二十萬美元的薪資**。好吧，你會有好幾小時和家人相處，也有睡覺時間，但重點是，那是你對社會或對經濟的價值。是的，如果你的工作品質更好，工資也會往上，但今天，讓我們想想讓你從「用時間換取金錢」這場交易中解放的方法。

你可以在網路上兼差，額外賺多一點錢嗎？當然這可能要花好幾個小時架設網站與管理，但你可以做哪些計算與自動化，讓網路在你睡覺時繼續賺錢？你是否可以投資一些錢在房地產買賣與轉投資，讓資本為你工作？如果可以，找看看。

重點是要明白，用時間換取金錢是非常有限的，尤其有了網路，我們擁有更多的選擇。當你可以這麼做，**額外賺到的錢可以買回你必須工作的時間**。那麼，你就可以回學校進修、旅行、運動，或者陪伴親人。重點是，你拿回那些時間來好好生活。

理想上，你創造一項服務，讓被動收入等同支出，之後超越支出。一旦到達這個階段，你可以選擇是否要繼續平常的工作，你可以把那份收入存在銀行，為自己購買更好的未來，或者，你可選擇完全放鬆，整天做園藝。你是自由的。

這是資本主義真正的願景，但是在詮釋的過程中已經失去本質了。你真的不需要更多的東西來塞滿家裡，但時間呢？如果可以釋放你的時間，解開它在工作中的「鐘點」，你要如何花用它？

今天想想這件事。當你釐清一些思緒，寫下來，確實規劃出來。這些釐清的想法可以提供一個努力的願景，然後你可以坐下來逆向操作自己需要哪一種收入來平衡目前的工作。如果願景夠令人振奮，你會利用你的熱情研究各種選項，並且找到一個方法。這可能需要大量的努力來孕育這個新的機制（別聽信那些一夜致富的胡說八道），但最終，你會看到成果，**而你的時間投資會帶來時間自由。**

想像不必用時間換取金錢的人生。現在，走進這幅願景，做個計畫。

第41天・祈禱

祈禱曾經扮演生命中心的角色。許多人每天祈禱，並且在這個儀式中找到很大的平靜、連結與慰藉。今天，大批的人們已經離開了主流宗教，在各種不同的地方尋求答案。愈來愈多人尋求真理和意義，這導引到許多美好的事物。然而，祈禱可能是在這個新舊合璧中一起被丟掉的遺珠。

許多研究顯示祈禱對健康的益處，它會降低人們的壓力，紓緩心靈。如果你是信徒，它能連結你與聖靈，將你放在一個美好的位置。如果你不是信徒，那就比較難到達這個境界。也許，今天是你練習感恩的日子。

祈禱的本質通常是找出時間和上帝（或者你的高我）連結的機會。關於祈禱，有許多傳統與想法，所以，與其接收排山倒海的訊息，讓我們保持在高水平，做些能幫助我們所有人的事。如果你有認同的傳統，只要繼續遵循即可。

讓我們撥出十分鐘，去一個安靜的地點，確認你可以獨處，並且關上手機。

把你的雙手放在心臟前方，臉上帶著微笑，開始從你的心臟吸進和呼出，敞開這個區域，並且溫暖它，在這裡花上幾分鐘。

一旦你的心安頓好了，開始想想生命中所有感恩的事，謝謝它們。細數你的幸福。花幾分鐘做這件事，然後轉移你的注意力到周遭的生命。想一想你生命中在乎的人。當你想著他們的時候，把溫暖帶到你的心，**把愛直接從你的心送到他們的心，讓他們沐浴在愛與感恩裡**。停在那裡，只要掃描你的心，找到你今天想表現愛意的人。

現在，把注意力放在某個也許不在你內在「愛的圈圈」裡，但他或她是在你的生命裡的人。不論這個人是誰，選第一個出現在你的心靈螢幕上的人。你可能不知道為什麼是他或她，但這不重要，同樣讓對方沐浴在愛和善意裡，只要用光灑在他們身上，並在你的臉上戴上笑容。

如果你有依據某種信仰的儀式，從這裡轉換成那種儀式。如果沒有，持續掃描你的世界中，你想表現愛，並與他們分享光亮的人。

回過頭來為你所擁有的一切表達感謝，包括你生命中的人們以及你被給予的機會。

一旦你準備好結束，發願今天要隨順行使每日一善，但這裡有一個重點：以無名氏的名義，為你生命中的某個人做一件有意義的好事，不要想著邀功。讓這種模式成為你行善的方式，這將會將你從自我依戀中解放。

宗教的依屬也許會改變，但我們的心應該維持以善為中心。今天，找到它，定著於它，並且為其他人帶出你最好的部分。

第42天・人們有不同的時間印記

你是否曾經遇到某個人，便立刻有不一樣的感覺？是否某些人能安撫你，讓你覺得自在，而某些人會惱怒你，或者令你覺得芒背在刺？

有時候，這和人們所在的「時間印記」有關，這是他們散發出來的振動頻率。振動多快？有多大聲？聯想到耳朵旁邊一隻嗡嗡響的蒼蠅嗎？太快了，令人惱怒而且緊張。你是否遇過那種慢條斯理的店員，他不知道你還要去很多地方，不能黏在他面前？是的，那是比較慢的時間印記。如果今天這情形令你沮喪，想一想你可以如何改善或左右這種情況。

事實上，我們全都以不同的速度來運轉每一天，而有些人，這麼說吧，他們有他們偏好的某種轉速，可能符合我們的需求，也可能不符合，或許是那些用過量咖啡因來破壞你輕鬆氛圍的同事。

所以，我們要如何調整這種時間差？第一步就是要承認它。感覺你體內的時間質素，以及他人的時間轉速，或者是你正面對的人的時間轉速。你需要配合他們的速度，或者你能把空間調整成你理想中的氛圍？

你可以做這件事。今天，調整你的呼吸，慢下來。你可以利用簡單的練習做到這一點，做二十個深呼吸到你的下腹部，利用每次吐氣慢下來，隨著每一次呼吸，試著調到更慢的節奏。

一旦你連結到這個更深層的地方，回到你的日常，留意它轉換的速率。察覺你聲音的抑揚頓挫，用你認為恰當的速度減緩或加快。隨著一些練習，你會發現，人們其實很容易親近（和我們一樣）。**你可以藉著先找到自己內在的平靜，把平靜帶到這個空間，然後協助把平靜散播給周遭的人。**我們都像觸鬚一樣，先接收周遭的氛圍，同時間也在傳達意念，這是一條我們很不注意的雙向道，而它會導致難以估量的苦難。

這是不必要的。

今天，練習注意你對周圍的人的感覺，他們忙碌的速度有多快？他們忙得團團轉，還是來自一個平靜的中心？你需要走開，或者為這個團體帶來一些正向的影響？吸氣到你的下腹部，並靜下你的心，改變你說話的抑揚頓挫，看看反應如何。試試看，協助將更多的平靜帶來你周圍的世界。

現在是你明白你多麼有影響力的時候，不論你是參與混亂，或者是控制混亂，今天，學習你在整個宇宙的中心角色。

第43天・購物決定

你是否常常為了金錢問題倍感壓力？我們居住的這個世界，可以買的東西太多，要全部買下來的錢太少。總體消費經濟已經快把人類逼到絕境了，但我們仍堅持要買最新的產品，跟上新流行、新科技，以及任何其他趕上時代的事物。太累人了。

今天，讓我們做一個小練習。大部分消費產品的公司，打賭我們常衝動購物。我們在購買的當下通常思考不周全，經常帶了不需要的東西回家。廣告促使我們覺得有缺憾，而擺在我們眼前堆積如山的產品全帶著某種滿足的想望。不僅如此，我們還深信不疑，並且把辛苦賺來的錢花在不需要的東西上。這些錢是用時間和生命能量換來的，而你剛把它丟進另一個其實並不會讓你更快樂的事物上。

今天的練習是暫停時間，培養購物的覺知。不論是在咖啡店裡排隊，或是檢視網路購物車裡的東西，你是行動者。衝動購買的一刻，其背後有著數百萬美元的心理研究支持。品牌和廣告需要你掉入陷阱，挺身買下那樣東西。

今天不一樣。每當你面對一個購買決定，花三十秒，並吸氣到你的下腹部。

接著問你自己：

- 我真的需要這個東西嗎？
- 一個星期之後，我還很喜歡它嗎？一個月後呢？一年後呢？
- 我用完這個東西後，它會去哪裡？掩埋場？還是流到大海裡？
- 這個物品會讓世界更好、更健康嗎？
- 我買了這個東西，是否支持了奴役勞工或者性別不平等？
- 我真的需要這個東西？還是不需要？

如果你覺得可以，那麼好的，把它買下來。然而，要對自己誠實，而且要真的進入這個練習。你會發現，**我們大部分人都漫不經心，揮霍金錢（時間與精力）和物資，增加世界的負擔，而另一方面並沒有真正使我們歡喜。**

今天你能做什麼，以便真正點亮喜悅，驅動你身上的改變？讓我們想想過往的經驗和物品。今天你可以擁有什麼難忘的經驗，而且是能豐富你的人生的？很可能這件事真的不花一毛錢。今天，用一些真實的體驗獎賞你自己，把你的現金留在你的口袋。

第44天・椅子時間

坐，等同新時代的吸煙惡習，有很多證據支持這個說法，我們的身體在坐了二十到三十分鐘後，就關機了，血流變慢、休息中的新陳代謝率更慢，而我們的姿勢肌開始鬆垮。我們老得更快、恢復得更慢，可用來為大腦添加的燃料變少。這才過了半小時！久坐沒一樣好處。

知道這一點後，今天，為你的生命「站起來」。除非你在開車或者飛行，你應該避免任何或所有的椅子。如果你是在桌子旁邊工作，可以找一個箱子來墊高你的電腦，或者今天移到一個工作枱工作。如果是在週末，避免坐著不動的活動。發揮創意，付諸行動。在家裡，這意味著沒有沙發時間，你可以坐在地上伸展，整天都不使用椅子或沙發。

這個練習會強迫你看看自己多麼常坐著，這個姿勢已經成為我們習慣溝通、開會、工作、進食，甚至講電話時的姿勢。講電話時可以在辦公室來回踱步。在廚房流理台邊吃東西，甚至今天避免坐著用餐。這不是日常的運動，而是學習有關你自己的一個機會。維持站姿，繼續走路、踱步、跨弓箭步，或者伸展。

你會注意到感覺多麼地不一樣。你可能會注意到你的腹肌有點痠。原來，肌肉得運作起來，讓我們在站著的時候保持直立。快和你未來的六塊肌打聲招呼。

當我們打破每天坐著的習慣，會發生神奇的現象。我們能從生理的舊習中解放，避免生理上的關機現象，而且我們會變得更有活力與忙碌。隨著更多的能量燃燒，身體中生產率的需求更高，你的肌肉也會開始更有能量，而你的大腦也會更容易得到能量。你消耗的能量愈多、燃燒得更有效，新陳代謝就會更好。這樣的生產率會讓你保持能量充沛的狀態，不會屯積卡路里成為脂肪。這也意謂著頭腦更清醒、心情更好、表現更佳，坦白說，就是更多時間。是的，當你擁有更多的能量，你會有更多的時間。你成為了更好的你。你可以在更少的時間裡，做更多的事，而疲勞或恍神也不再出現。

整天做這個練習，記錄下你每天有多常習慣坐著。你將會非常驚訝發現你有多少個小時雖然是醒著，但身體基本上是停止運作的。這一天結束時，你可能有點腰痠背痛，因為有很多肌肉經過這些年，已經變懶了，但這正好作為要更常站著的激勵，讓站立融入你的生活。

穿好一點的鞋子，讓今天好過一些。比起整天站著，走路有很大的幫助，最終的目標是要增加生命中活動的時間，以引發各種正向的結果。你愈早習慣活動，會愈幸福。

這個意思是永遠不要坐著嗎？當然不是，而是要想想你的一生中，花了多少時間坐著，然後，你今天一整天避免坐著，看看會發生什麼事？一旦你愛上了這個練習，你坐下來的時間就會變得是刻意，而且是有覺知的。一旦你改變了當中的比例，轉變成經常活動的生活型態，雖然你也會坐著，但開始比較能享受它。

第45天・享受此地

我們年輕的時候，到了一個新的地方，可能會想：「喔，我會再回來。」但這種想法隨著年歲改變，我們對空間有了新的認知，我們明白了，世界相當寬廣，而我們的時間是有限的，事實上，你很有可能不會再回到那個地方。畢竟要去的地方這麼多，而且在相同條件下，你很可能下次想看看新的事物。

所以，這對今天來說的意義是什麼？如果你發現自己經過一個新的地方，告訴自己，這可能是你唯一能體驗此地的機會，這是在觀點上的微妙改變，但是它會把你遺漏的那個部分拉回你的身體，彷彿你的心靈正透過你的雙眼觀看，會想把你所在的地方的每一個形狀、質地、顏色和細節，全記錄下來，當你全神貫注參與體驗時，神奇的事就發生了。

也許，今天你有平常的例行工作要做，孩子上學、出門上班、午餐時上健身房，然後返程回家、睡覺。這樣很好，但如果今天走一條新的路去健身房如何？把拜訪新的地點加進你今天的旅程，不必然是大溪地或是金字塔，也許只是另一條街，你會在那裡看到一棵令人驚異的懸鈴木，這會是新的體驗，而且很美。

不論你今天去哪裡，都帶著這個練習的覺知。畢竟，你隨時可能被車子撞了，被海嘯淹死，或者被流星打到，這類事確實會發生，幸好它們不常發生，但是，從我們年長的朋友身上學到，死神總是在我們周遭徘徊，而今天很可能是你的最後一天，明白了這一點，你看待世界的方式有什麼不同？你會漫不經心地走過這個地方，還是會停下來聞一聞玫瑰的芳香？

這就是不同之處，今天是要來品味的，**此地是神聖的，此刻是特別的**。我們身邊充滿了神奇，但是我們視而不見，不曾慢下來觀看，因為我們沒有真的在那裡。我們通常處在某種心理壓力的國度，掛念著未來即將發生的事，然後懊悔過往的事。我們可能站在這裡，但魂魄早就飛走了。

今天你要練習挑戰那種傾向。把心思抓回來，注意你所在的地方，練習告訴自己，你可能永遠不再有機會看到「這個地方」，所以，花幾分鐘品味它，吸收這裡的景象、聲音、質地、光的質感，一個小時後，這個地方會看起來不一樣。此時此地的這一刻是獨一無二的。當我們能夠了悟這一點，並且實際這樣過日子，我們便暫停了時間，從無限中源源不絕地擷取時間。

停下來欣賞你周遭的壯麗吧。

第46天・從你的人生花園拔除雜草

你上一次好好看著你的人生花園，拔除一些雜草，是什麼時候？一旦確認了你想要種植、培養的主要植物，你需要把目光轉向花園裡的其他植物。為什麼？因為它們吸走了重要的水、營養，也許還擋住了你選擇的植物所需要的陽光。

今天，想想你人生中的情境。什麼是你想要培育的主要植物？它們目前得到最多的資源嗎？對我們許多人而言，雜草已開始占領花園，因為它們要求多、比較強勢，而且經常假冒一副重要的樣子。家人、事業、健康、好朋友和旅行可能是你真正想種的植物優先名單。你需要奉獻給它們多少時間，才能好好照顧它們，需要什麼代價讓它們維持平衡？我們經常發現，單是要維繫主要項目的平衡已經夠困難了。那麼，其他不屬於這座花園的植物是什麼？

用人生花園的濾鏡來看看，審視這一切是否與你的主要植物相關。如果不相關，那它就是雜草，拔掉它，然後繼續。也許有一位高中同學不斷催你「看在過去的份上」聚一下，你倆真的沒有共同點了，時間也已占滿，但為了某種原因，覺得應該分一些寶貴時間和他們聚聚，這是雜草嗎？

也許你已經被一本不是很有趣的書纏住，但你繼續看是因為不想半途而廢，這時也許該把它放下，挑另一本能豐富你的人生的書。

你可能發現自己睡眠時間不夠，但還在該睡覺的時候熬夜，想看新的電視影集，這真的對你這麼重要嗎？

今天必須留些時間反省、沉思你的一天。我們常常不知道如何拔起那些雜草，一舉把它們根除吧！有時候我們甚至不太情願拔除雜草，我們對某些事已經固著了，它們已經長得很高壯，類似其他高大的植物，所以我們覺得需要留下來，其實不需要，客觀地考量每件事，注意那些長得像植物的雜草。

今天要狠下心來，拿出剪子（或碎木機），並開始剪掉這些雜草的葉子和草莖，你可能需要一直做這件事，直到你可以抓住它的莖，然後連根拔起。也許，你甚至需要一個心理或情感的鏟子來做這件事。**斬草除根，誠實面對你在花園裡所見到的，讓你的植物「贏回」它們的位置**。這裡的挑戰是，你已經澆灌許多雜草經年，它們已經長得又高又壯，彷彿很適合此地。

把它們拔起來，今天，你要頭腦清醒，專注清除任何不在你計畫中，耗竭你生命力的事物，它們在你的生命花園裡嗎？問題就在這裡，如果是，那麼趕快拔掉。

第47天・音樂

你曾經聽過這句話嗎？

「音樂是音符之間的空白。」

這是道家「空」的理念之美的圖像化。如果音符之間沒有喘息，這些音符本身會把我們逼瘋，然而，這卻是我們固執生活的方式。

今天，我們練習透過與音樂同行來暫停時間。選一首你特別喜愛的曲子，安排一個空間，安靜地坐下來聽。我做這個練習時，最喜歡的音樂是Albinoni 的〈Adagio〉。這首曲子有很多版本，所以，找一個你喜歡的版本，或者，找一首你喜愛的曲子。

播放一次，只要聽你選的那一首曲子（理想上是一首絃樂）。這不是一心兩用的時刻；你這時不該講電話或者做家事。播第二次時，看看你是否能與這首曲子的抑揚起伏同步，是否在某些地方升高，在其他地方沉緩？一些安靜無聲的時刻持續了多久？注意節奏，看看你是否能感覺到當中的轉換。

如果你本身具有音樂素養，可能已經自然而然這麼做了，如果沒有，可能需要幾個樂段來訓練你的耳朵，要知道，這不只是聽，這也是一種覺察。這首樂曲讓你覺得如何？誘發出何種情緒？你如何改變你的生理狀態與之同步？**慢下來覺察這段音樂**。

現在，回到早先那句話，思索看看：「音樂是音符之間的空白。」

在你生命中的哪些地方，需要在音符之間停頓下來？在你的一天之中，需要放入什麼細緻的空間，讓事情更美妙？也許是午餐時間花十五分鐘在辦公室裡或外面散步十五分鐘，也許是在一天結束上車回家前，自己找方法振作一下。也許你在整天的工作場所中製造了一些離開的空檔，定時的休息……這些都是可以實踐的選項。

哪一種空白會讓你的生命之歌更美妙？如果注意聽，會發現音符不會停留太久來營造想要的效果，**關鍵是當你暫停的時候，要全然停止，並接通「空」**。部分的暫停不會有相同的效果，因為它會聽起來像是背景裡的雜音。

你可以在今天生活中的哪一個時間嵌入一個短暫的寂靜？回去諦聽你的曲子，再一次感受音樂的抑揚起伏，學習駕馭它，那麼，你將能度過一個既美麗又優雅的人生。

第48天・與家人共處的優質時光

我們從躺在臨終病榻上的人那裡最常聽見的一段話之一，是他們希望自己能與家人和親人共度更多的時光。人們臨終時，沒有人真的會想到他們的工作煩惱、想看的劇集，或者交情普通的朋友。他們通常後悔沒有在重要時刻與家人共度優質時光。這裡指的可能是在甜美的年歲時，當你的寶貝開始走路，或者當他們開始學習如何爬樹的時候，你都在場。也許當我們的配偶失去父親或母親時，或者他們生病時，需要我們的陪伴。家人常常在某件重大事件發生時各分東西，而無法在情感上相互陪伴。

你是在哪個環結沒有給予足夠的時間？是和配偶、孩子、父母、寵物，還是表親？在生命中，有愛我們的人，以及對我們重要的人。對他們許多人來說，我們看起來已經用時間做出選擇，以青少年為例，也許他們看見你如何沉迷於你的事業、嗜好、運動或者社交圈。他們想回家和你談談困擾已久的事，但你卻漫不經心，兩年後，他們已經變成煙槍，走向歧途。這種事屢見不鮮。

也許你的配偶對於剛發生的空巢期無法適應，而你「忍一下」的態度無法真正滿足她的需求。你們的關係便出現了裂痕，一旦斷了，就無法修復了。你是否可以在人生的高速公路上停下來，付出一些時間談談心、健行、旅行，或者只是單純傾聽？實際上，離婚得花上數千小時的律師諮商與法院時間，會是一大筆錢，這筆錢是時間累積換得的。協調時需要花更大一筆錢，之後，還有聯合監護、尷尬的晚餐、如何處理孩子，以及在手機上左滑右滑，看那些你寧願不要看的無聊約會APP的時間。想一想在一段婚姻破碎後，緊接著數千小時的痛苦時間，難道不值得花幾小時好好與你的愛人共度嗎？

想一想你與家人在哪一個環節失去了平衡？你是否應該和女兒約一個週末，或者你上次探望父母是否已經超過了一個月？他們需要你，他們愛你，不要讓生命無止境的分叉溪流隨著混亂的白浪翻滾，進入充滿悔恨的人生。到頭來，你得花更多的時間為孩子的問題想辦法，如果一個不小心，還得處理監護問題。子欲養而親不待的罪惡感是很沉重的。有些事情必須要說出來，這些事需要時間，而你的祖父處在一個比你慢很多的時區裡，這也很好，慢下來，陪陪他，喝杯茶，說說心事，讓他對你敞開心胸。當他走的時候，那些沒有說出來的事會變成悔恨的小刀，在接下來的幾年，你會一直帶著。

今天花一些優質時間做對的事情，這將能省去未來的時間、悲傷和懊悔。我們人生的處境各有不同，但你今天的練習應該是找出一個能持續與固定的時間，是預留給家人的。晚餐很理想，盡你所能找出時間，空下來，確定所有的家庭成員都同意，並且把這段時間空下來，成為一個習慣例行的約會，堅持這個習慣，你將歡喜收割。

第49天・時間與科技

科技是人類亙古以來創造出來幫助人們節省時間與精力的產物。從早期的打火石省下許多打火的時間，到你口袋裡多功能的手機，這些人類製造出來垂手可得的工具，原本是用來為你我的生活增加便利、娛樂與更多時間的。

今天，看看你如何使用這些科技，它真的為你想做的事省下時間了嗎？對某些人而言，它有助提高生產力，讓他們有更多更多的工作。如果你是把錢存進銀行，延遲彌補、享受與品味人生，這樣還可以。如果不是，你就是一隻走向死亡的倉鼠。

對大多數人而言，這些省時的裝置本身已經變成時間吸血鬼。過去，極重要的訊息透過電報發送，對人類文明是一項極具影響力的工具。今天，我們出自無聊，隨意發送ＧＩＦ圖檔和表情符號給朋友，這是擾民。每個星期，我們花費無數小時在社群媒體上看別人的生活，這不是利用你的時間（或那個裝置）最好的方法，但即使我們真的努力要把工作做好，這些裝置也會把事情變複雜。連續不斷的簡訊響聲、提醒和通知都會把我們從正在做的事中拉走。查尋一則相關訊息，很快就把我們吸進一個分心的兔子洞裡。

你的科技為你做了什麼？它是你生活中節省時間的工具？還是已經變成一項分心事物？檢視你說你想為自己做的所有事，看看時間吸血鬼在哪裡。經常，人類科技的成長超過了它功能上的實用性，偏離了正軌，**這些工具原本是要來為你服務，不是你來服務這些工具**。

在這裡的另一個考量是能量，大自然注滿了振動與能量的甜美交響曲，從正在授粉的花朵到雄壯高大的樹木，在大自然的環境裡有一種能量能將我們充飽，讓我們感覺完整，電子產品則適得其反，在我們大腿上或者手邊跑著令人激動又緊張的電流。手拿一支二・四百萬赫茲的手機在大腦旁邊，等同傳送強有力的電波經過你的大腦，而且通常是干擾電波。電器散發人類身體還不習慣的快速電磁波，關於這部分的科學尚無定論，但你為什麼要冒險？另一方面，樹木搖擺地從容而緩慢，它們的振動與我們大腦的α波形近似，這是最接近靜坐冥想時的大腦狀態。

科技是不會離開我們了，而你今天的挑戰是與之商討一個健康的平衡。只要今天，關掉簡訊聲，在紙上列出你今天需要完成哪些事，並且專注完成這份清單。把你的手機轉到飛航模式，關掉電腦的網路，把你的工作做完，然後讓你的眼睛和耳朵休息，沉浸在陽光下，而不是沐浴在你筆電的背光裡。如果你注意觀察，將會發現巨大的不同。

第50天・建立儀式

儀式曾經是我們生命中重要的一環，不論是每天的祈禱、每星期的共餐、宗教慶典、禮儀等，從人類肇始，就在人們的心靈根深蒂固。

今天，讓我們看看任何你在人生中觀察到的儀式，它們有哪些？你為什麼進行這些儀式？你早餐時一邊看電視新聞嗎？你在如廁時看手機上的社群媒體嗎？你只是行禮如儀，還是接通到這項活動的精神呢？我們在現代生活中做的許多事，是來自古老的源頭，它們曾經具有重大意義，有助於設定人生的節奏，也經常是安排來幫助我們記住我們從何而來，宗教儀式是要幫助我們與我們的源頭連結，或者也許是練習感恩。

你在生活中做什麼事來幫助你暫停時間，與有意義的事連結？你可以做得更好嗎？也許你可以與儀式的精神連結，並且更嚴肅地看待它？也許你可以研究一下它的起源，與它做更好的連結。也許你發現自己與這個活動疏離，覺得無趣，那也沒關係，還有許多其他的儀式你可以採行。

重點是找到適合你的某種儀式，讓它成為你生命中的心錨。如果你不與它連結，那麼它真的就不具有它原來的目的，不要浪費時間，尋找另一個有共鳴的活動或儀式。

以下是幾個你可以採行的儀式範例，今天就選出一或兩項作為你的功，試試看，你很可能會喜歡其中幾項當成新的習慣。

- **早晨感恩**：起床之前，想想五件你今天感恩的事。
- **餐前祈禱**：感謝你面前的餐點，花一些時間為它祈福。
- **午餐冥想／祈禱**：花幾分鐘與生命源頭連結、省察。
- **夜晚燭光靜坐**：花幾分鐘坐在一支蠟燭前，讓它清洗你的能量。
- **夜晚伸展**：睡覺前花幾分鐘放鬆你的身體，融進地板。
- **冬眠**：每個冬天，休假一星期，好好放鬆，喘口氣。

這只是幾種你可以想得到的儀式，問題是：你真的需要什麼，以及你可以如何結合某種儀式進入你的生命，幫助你記住並與之重新連結？

儀式能營造架構，而這能幫助你切分日子，當我們不設置一天裡的攔截索來暫停生活中的瘋狂，好好喘一口氣，那時間真的會從我們身邊溜走。

今天，想想你現有的儀式，確認它們符合你的需要，找個方法連結你需要的，並且擬定一個計畫，在你的生活中建立一個更健康的儀式習慣。

第51天・美好的性愛

發生性關係和做愛不盡相同，我們的文化驅使我們在做愛經驗中的感官刺激，將之降級為一種享樂與紓壓的加油維修站。當然，偶爾閃電式的魚水之歡很棒，但你上次真的慢下來享受你的性愛體驗，為那個夜晚慎重其事，是什麼時候？

做愛需要把時間慢下來，這意味著進入比較放鬆狀態的副交感神經系統。**這是我們療癒、消化、復原，以及進入我們性的感官經驗的地方。**相較於男性，這通常對女性比較容易（是的，這是大致而言），但我們全都有能力這麼做。

以下是譚崔（tantra）的一大祕密：人類的性其實是由女性（陰）能量驅使的。現在，如果你是處於一種同性的關係，這個說法也沒有將你排除在外，它只是意謂著遵循將多的陰／被動的能量曲線，讓它開啟，導引你進入這個經驗。

我們不「做」睡覺這件事，也無法真正「做出」高潮。當然，我們可以高度興奮神經，讓它超越九重天，但那不是我們今天要談論的能量。今天，我們放鬆到這個經驗裡，「允許」這個空間開啟。

這意謂著為人們設置好舞台，蠟燭、昏暗的燈光、柔和的音樂，也許一杯紅酒，都對調整心情有益，營造一種不受干擾的空間，讓你們可以一起享受一段時間，「到那裡」。同樣也禁止手機！

這可能要等到孩子們都睡了。沒關係，但是之後就去做！不要在上樓前看三個小時的電視，然後把這件事擠進去——這完全搞錯了重點。這個練習真的就是要讓這一晚成為美好的一晚或者一個美好的下午。進去那個房間、培養好情緒，空出時間放鬆做愛。

但通常，我們目標導向的心態瀰漫了整個寢室，我們有「了結這件事」的心態，這是不恰當的。不要把目標放在這裡，不要放在寢室裡。如果你的伴侶對此有困難，也許共度一種單方或雙方「沒有高潮」的遊戲，練習相處陪伴，享受一個感官的空間，而不是尋求一個急促的高潮「出口」。如果你是那種可以有多次高潮，而且可以在那裡停留一陣子的人，那很好。

放鬆。

沉下去。

一起呼吸到你們的下腹部，確實連結到你的下丹田（肚臍下方三根手指頭）。同步呼吸可以做到這一點。從這個點開始，感覺能量沿脊椎上升，並且跟隨著這股能量，跟著它放鬆，讓它引導、照亮你的內在宇宙。

不要尋求高潮。

相反地，今天的功課是放鬆到你們一起營造的空間，並且品味它。隨著一些練習，這將帶給你對於暫停時間的全新觀點。

第52天・電話時間

你上一次檢視你消磨在電話上的時間是什麼時候？你整天都在電話上嗎？除非你是按小時計酬，而且那是你的工作，否則，這樣很可能只是很沒效率地浪費時間。今天，讓我們試試新的花樣。

在工作時，看看行事曆上的任何一通電話，試著把通話時間減半。例如，原本安排三十分鐘打電話的時間，你可以在十五分鐘內掛電話嗎？二十五分鐘呢？你不需要無禮，只要客客氣氣，講重點，專心與他們講電話，開始時禮貌寒暄，然後跳進正題，過關斬將討論正題，然後看看可否順利提早一點結束通話。

或許事情是這樣：電話另一頭的人也過著瘋狂忙碌的生活，他們可能不介意很快掛上電話，只要你已經說了你需要講的。

現在，你要用多出來的時間做什麼？要不要考慮那些你一直想要做的事？**今天的練習是拿回你省下的任何的、全部的時間，然後重新投資在你自己身上。**如果你多出五分鐘，那麼你可以做些伸展。十分鐘呢？可以很快做五次十種全身的鍛鍊。你睡眠不足嗎？按下計時器，閉目養神十分鐘。

重點是你拿回了寶貴的時間，可以重新投資在生命其他的地方。

那麼，社交性的電話呢？也許你在開車回家的路上打電話給你的母親，這符合你的需要，滋養你的靈魂嗎？如果是，那麼繼續保持。其他所有的社交電話呢？你可以用簡訊嗎？你可以簡單扼要，並利用你的時間做更有營養的事嗎？很可能答案是肯定的。

這裡的意思不是要你與世隔絕，當一個隱士。而是從這裡、那裡削出幾分鐘，並且利用那些時間，做些能滋養你的事。問問你的身體它需要什麼，然後接通你好不容易撈回的時間，做些照顧自己的事。也許，你把定期與一位朋友的通話改成每週一次的健行，創造雙贏！

一旦你發現自己的世界不會因此緊急停擺，你可以再看看行事曆，做更多的調整。修正標準的六十分鐘對話，濃縮到三十分鐘；或者從三十分鐘減為十五分鐘，單是這樣就足以改變你的生活。

然而這裡有一個吊詭之處，**除非你用重新找回的時間，投資在對健康與神智清醒有益的事，否則，你的行事曆只會塞滿更多的項目**，這可能是提升工作效率的好方法，但是，如果你沒把時間(或者至少部分的時間)花在自己身上，錯誤投資也會擊潰你的靈魂。

第53天・放鬆你的後頸

我們在頸部累積了大量的緊繃，尤其是在頭骨基座中心的枕骨部分。由於不良的姿勢、久坐、停滯的生活型態以及大量的壓力，大量的能量卡在後頸，我們可以感覺到這裡的緊張，擴散到我們的頭部，或者轉換成一副臭臉或皺眉頭，這一點都不酷。

今天，我們將要接近這個問題，想點辦法。

找一個你的背部可以平躺的地方，任何地點都可以，只要能不受干擾五分鐘，拿一本書、活頁夾，或者瑜伽磚。你需要一個硬枕頭，基本上是某種讓你的頭部直接睡上去後，不會凹陷的東西當枕頭，而且不太大(約一到三吋高)。

利用這本書或物品當枕頭躺下來，雙眼閉上。開始緩緩呼吸到你的下腹部，維持一分鐘左右，放鬆，然後沉陷下去。

現在開始把你的覺知帶到你的後頸，感覺這個堅硬的枕頭，以及連結頭骨基部的地方，融入它，呼吸，然後放鬆，並讓你的頭部變得更下沉。

現在，緩緩從左到右轉動你的頭，然後轉回去，一邊緩緩呼吸。做這個動作一分鐘，輕輕地從一邊轉到另一邊，讓脖子放鬆。

現在回到中間，深呼吸，再次感覺任何部位的緊繃，融進硬梆梆的枕頭（書、瑜伽磚等等），在這裡停留幾分鐘。

放鬆臉部的肌肉、額頭、下巴、眼睛周圍。放鬆你的嘴巴、耳朵、鼻子、眉毛……下沉更深，完全放鬆你的頭部和頸部。確實地深呼吸並往下沉。當你準備好，花一、兩分鐘慢慢地睜開眼睛，再一次左右轉，輕輕起身，回到你的一天。你覺得怎麼樣？

後頸是能量的超高速公路，我們很多氣卡在這裡，實際上，時間壓縮往往反映在這部分的解剖學中。放鬆這裡，有助於放鬆大腦，讓我們回到此時此刻，所有你被拉往較緊繃的時間，都被發現反映在這裡。

這是一個很好的重新設定按鈕，並且幫你回到當下。學習放鬆後頸是一個暫停時間、確實回到當下的強大方法。這是你可以沖洗掉過去「時間污染」的地方，並且清除障礙，迎接重新啟動的清新日常。

第54天・社群媒體關閉日

今天，我們要試著伸張權益，討回生命中一些寶貴的時間。我們已經習慣每天檢查手機，也許早就對於這個動作會增加多少負擔毫無感覺。所以今天讓我們從你的手機（或電腦）上的不必要工作上，拿回一點時間，看看到底可以拿回多少心理能量與時間。

對於那些已經把手機抓得緊緊的人，我了解，社群媒體是感覺與你的世界、同溫層連結的方法。但動不動就檢查一下社群媒體可能會讓你脫離現實，現在是打破這種習慣的時候。所以，該封鎖的社群名單有哪些？

- 社群媒體，不要看或者打開任何ＡＰＰ
- 查看新聞
- 漫無目標地流覽照片或影片
- 任何與朋友言不及義的聊天ＡＰＰ

只要告訴朋友你今天會停用手機，遵守這個練習，你很可能會發現整天裡，有好幾個場合想要找手機，這時你記得抽離，避免陷入。

讓我們看看幾個可能查看手機的常見情況：

- 等電梯・搭電梯・在咖啡店排隊・上洗手間・等紅燈・捷運上・等午餐上菜
- 在床上・在沙發上・等食物加熱・等電話・電話當中

這當中有沒有聽起來很熟悉的？這已經失控了。我們在任何時間不斷檢查手機，我們對此已經無感，而挑戰的目標，正是討回一些時間。

我們不能一邊抱怨資源不足，一邊又每天盡情揮霍，把時間拿回來，品味並且享受原本浪費在手機的廣大自由時間。

今天，每當發現自己想要「去那裡」，阻止你自己，並且深呼吸幾次到下腹部。省察你的身體，問它需要什麼？你找手機是因為有緊急需要嗎？或者是因為不習慣與你的思緒獨處？你是否真的利用社群媒體讓你的生命受益，還是比較像是一種慰藉？也許很快做個伸展、喝杯水、看一下人，或者只是呆站在那裡就能解決問題。重點是，有數以百萬的分分秒秒掉進了現代世界吸取時間的深淵，只有你能把時間拉回來。

第55天・給自己的五次深呼吸

今天我們來玩個小遊戲，設定計時器，每次半小時。每當時間一到，你的計時器嗡嗡響的時候，停下手邊的事，只要深呼吸到你的下腹部，這是一個可以延長持續力的簡單練習（你還是會繼續呼吸，所以不用覺得奇怪）。只要記得在每次計時器響的時候做這個動作，然後看看整天過後你覺得如何。這個練習很簡單，確實專注在放慢吸氣的動作，並在吸到最頂端時，停住兩秒鐘，然後做個長長的平順吐氣動作，並在吐氣到最底的時候，停住兩秒鐘。只要留意做這五次呼吸，然後返回你的日常工作，你的計時器會在時間到的時候提醒你練習。

前幾次的五次深呼吸可能真的不會在你身上擦出巨大改變的火花，那很正常，只要持續就好，當你訓練你的身體和心智規律地按下暫停鍵，某些東西會開始改變，這可能需要大半天，但終究會出現改變。

我們已經如此習慣在迫不得已的情況下過日子，完全不記得平靜是怎麼一回事，我們已經習慣了扭緊的壓力能量，因為某種原因，它定義了我們的身份，並且理直氣壯地成了我們個人的特質，然而分散的注意力變成分散的能量，逐漸消失在宇宙大氣中，難怪我們總是覺得那麼疲倦。

「我忙死了，幾乎沒時間尿個尿……哈哈哈……」

不，這不好笑，這是瘋了，我們受夠了。

給自己的五次深呼吸，是重新設定這個節奏的快速補救法。要點是要讓這幾個呼吸算數。**草率的、敷衍的五個快速呼吸，正是我們要努力避免的**。這裡可能需要多出十到十五秒來好好呼吸，但在整個宏遠的計畫中，這算什麼呢？沒什麼。要挑戰的不是時間，而是被包裹在時間壓縮感覺裡的整個情感世界。那個意識不願允許一個節奏的改變，為什麼？

因為這樣會讓我們曝露在一種可能性，彷彿我們搭乘的貨運列車很不牢靠。想像一個酒鬼，他在午飯後需要飲酒，以免感覺他的世界崩解，這就是我們對於壓縮時間的態度，不知為什麼，我們已經訓練自己，以為只要忍一下，過了就好，這是可以接受的，即使這意味著不是從事最理想的工作、錯過去健身房的時間、心浮氣燥地開車，或者寧可在家人面前裝成一個笨蛋。你告訴我，忍耐比較好，還是一天裡慢下來十分鐘比較好？

今天，你每小時按兩次暫停，利用這五次呼吸作為焦點，集中你的注意力，聚焦你的心智，用你整個身體來感覺呼吸，利用這幾次呼吸，以幾秒鐘的時間覺知你的整個本我，控制你的心的速率，把它帶進來做一次快速的省察，這是一種很有力的練習，它從簡單開始，也會帶來簡單。

如果你的複雜問題其實沒那麼複雜呢？如果只需要慢下來，就可以讓你想得更清楚？可以回到一個平衡的狀態？

今天，你將發現關於自己很多的事。

第56天・漸進式的放鬆

今天讓我們潛入一種放鬆的狀態，這個練習在大部分的亞洲靜坐傳統裡很普遍，而且被用於現代催眠療法。某些時候，你可能不允許自己「去那裡」。對某些人而言，這種感覺像是回家，對其他人而言可能感覺很陌生。只要相信這個過程，讓我們深度沉浸到一個漸進式的放鬆。

你會想要讀完這一篇，然後去找一個你可以躺著大約十五分鐘的地方。確定你在那裡可以單獨一人，而且有安全感。一旦你讀完這些，走進你的房間練習，設定計時器在預定完成前五分鐘響起，這樣你可以從容起身。例如，如果你挪出了二十分鐘，就設定計時十五分鐘，好讓你有五分鐘回到原來的空間。

練習步驟：

- 以舒服自在的姿勢躺下來。
- 深呼吸數次到你的下腹部，然後放鬆到地面上……下沉。
- 現在，讓我們從頭部開始。

。感覺你的頭，當你的心眼覺知到這個區域，告訴這個區域放鬆。

。感覺它愈來愈重，沉到地面上。

• 從你的頭頂開始往下移至你的臉頰，當你往下移動時，漸進式地放鬆每個部位。

。放鬆你的額頭、眼睛、耳朵、鼻子、臉頰、牙齒、下巴……

。放鬆你的後腦和頸背。

。讓你的整個頭部放鬆、變沉重，然後沉到地面。

• 繼續往身體下方移動。

。放鬆頸部、喉嚨、肩膀，下沉到你的手臂、到指尖。

。放鬆你的胸部、肋骨、胸骨、上背。

。放鬆你的腹部，你所有的內臟器官、背部中央、下背。

。放鬆你的骨盆、臀部、生殖器、薦骨。

• 當你緩緩往下移動到兩隻腳，把每個部位都放鬆。

。放鬆你的膝蓋、屁股、後小腿，直到腳踝。

。放鬆你的雙腳、每一個小骨頭，直到腳趾頭。

• 感覺你整個身體處在放鬆的狀態。

• 從頭到腳，再從腳到頭掃描，看看是否還有任何緊繃；移動你的心眼到這個部位，只要告訴它要放鬆。

一旦你進入這個狀態，只要停在那裡，讓每樣東西進一步沉落到地面上。深呼吸，繼續掃描你的身體，看看是否有任何緊繃的部位，找到緊繃部位，讓它放鬆，繼續放鬆到地面上。

當你的計時器響了：

慢慢開始回神到室內，從看到一道溫暖的白光進入你的雙腳開始，這道白光會激活每個它碰觸到的東西，帶來能量。讓這道白光以和剛才放鬆的相反方向，喚醒你的身體，一路作用上來，直到你的頭頂，停留在那裡，深呼吸，一面讓白光喚你身體裡的每一個細胞。當白光來到額頭，看著額頭上的亮光。

準備好時，慢慢張開雙眼，動動你的腳趾頭，轉向一側，回到室內。這不會占用你一天裡太多的時間，但想一下剛剛的感覺是否很棒。

第57天・季節

今天，我們將要停下來，仔細檢視我們在地球時間裡所處的位置。現在是什麼季節？你目前在大自然循環中的哪個地方？葉子正在發芽？還是正在掉落？天氣是熱還是冷？外面的世界現在如何？

我們的祖先對季節的感知很準確，因為他們的生命依存於此。現在是否是動物集體遷徙的時節，還是種植或採收的正確時間，這真的很重要，生死攸關。現今，我們住在冷氣空調的房子裡，坐在車裡駕駛，對我們四周大自然世界的遞嬗完全無感。但今天不一樣！

今天，踏出戶外幾分鐘，仔細檢查氣候。看看你周圍的樹木，留意空氣品質。感覺起來如何？你周圍的自然能量正在下降，或者正在揚升？生命的脈動在哪裡？深呼吸幾次到你的下腹部，與外面的世界同步，與之調和一致。如果天氣冷了，套上一件毛衣。

與大自然的氣味同步，是我們生存的重要一環，它讓我們的能量與周圍廣大的世界一致，它校準我們與我們所居住的自然現實同步。

你上次這麼做是什麼時候？

如今，電腦螢幕、遠方的新聞、APP淹沒了我們，還不到幾百年前，我們還坐在前廊談論天氣，為什麼？因為季候是真實的，而且真的與我們相關。它影響我們的心情、荷爾蒙分泌、新陳代謝率以及我們清醒與睡眠的循環。它影響我們的程度，人們才剛開始用科學的方法理解。

這個故事的啟示是：**與你在大自然中的位置協調，與季節的流動和諧**。陽光使我們快樂，促進我們的免疫系統。植物在春天會分泌一種氣味，暗示我們身體中的荷爾蒙改變。

現在是好好檢視你在這個季節所處位置的時候，深呼吸幾次，留意風景、顏色、聲音、氣味、微風以及動物的移動。這將把你調整到自然世界屯駐在你四周的「真實時間」，這將讓你與大地連結，與充滿大自然的生命力連結。

這是家，就在此刻。

今天，你將花一些時間，透過接通與你同步呼吸的季節，回到家，回到此時此刻。

第58天・反射性抉擇

你常常做出重大的人生抉擇嗎？通常一生中這種機會不多，肯定不是每天都發生。現在，你當然可以說：「我決定今天不要辭職。」但那只是日常的沮喪。一場人生的改變、離婚、決定生養小孩、決定搬到遠方的城鎮，這些都是重大的人生抉擇。回想最近十年你做的重大人生抉擇，通常一隻手或兩隻手的手指頭屈指可數。現在，回想這些你做的決定，想想當時做決定時，是否生理與心理健全？是在仔細考量下做成的嗎？你是否權衡過得失，花足夠的時間思考與諮詢每一項決定？如果是，你做得很好。

不幸的是，很多重大的人生決定是在不得已的情況下做成的，我們整個人心神不寧，緊張焦慮，而某個情況將我們抓進另一個情境，這也許是一次強力的跑道修正，將我們放上我們該走的路，或者，也可能成為我們所做過最糟糕的決定，對你的決定，你感覺如何呢？

今天，想一想你做重大決定的歷史，並且仔細檢視那些在情急之下所做的決定。如果你當時夠鎮定從容，可能會做什麼不一樣的抉擇？如果當時能夠深呼吸到你的中心，集中你的能量，專注於當下，你的反應會是一樣的嗎？如果對當時的情境多一分準備，你的人生可能會有什麼不同？

這個練習不是要重新復習過去的懊悔，而是要為你的未來鋪設更好的道路，未來會有更多、更大的人生抉擇，而你可以從過去的智慧，應用到未來的情境之中。然而，你唯一可以這麼做的方法，**就是當那個時刻來臨時，表現出冷靜與活在當下**，這是我們智慧的累積，來自一個靈魂的平穩沉定。如果你感覺到自己驚慌、憤怒、恐懼或匆忙的情境反應，那麼，從這個情境抽離，往旁邊挪一步，看個清楚。

今天反省這一點，你可以了解匆促決定帶來的巨大影響，為下一回的狀況準備好你的覺知。下一次，記得今天的練習，做個深呼吸，慢下來想一想過去匆忙中所做的決定，緩解你的心情，如此一來，你可以從一個平靜的心情來反應，而不是驚慌失措。在這些情況裡，通常沒有一把槍對準我們的腦袋，所以在有必要之前，讓我們先歪著頭想一想。

從一個躁動的事件中抽身一下，花一晚或幾個晚上來仔細想想，打電話給朋友，在你扣下扳機，啟動某件你無法輕易回頭的事之前，有很多可以做的聰明事，慢下來，跳脫一下那條時間軸，進入將為你帶來最好的結果的那條路。下一次，請準備好。

第59天・流汗

我們全都聽過流汗對身體有益，幫助身體排毒、推動淋巴系統，讓身體中的液體流動，這很棒，但是今天要探索的是流汗的另一個面向，這與「清洗」我們的過去有關。

存放在我們身體組織裡的，是昨天一些黏膩的東西，你的肝臟也許已經太累，無法清除這些；也許你已經曝露在億萬種環境毒素當中，而身體不知如何將它排除；也許你吸收了某種重金屬，附著進了你的脂肪細胞。這些事物徘徊不去，而且拖累我們，就像跑步時腳踝綁著重物。

現在，想像如果沒有這種負擔，你的日子感覺起來如何？想像如果昨天的挑戰沒有束縛現在的你，你的感覺如何？這就是為什麼你應該想要流汗。

把流汗想成是流過你的一條河流，從上游洗滌清淨那些黏糊的東西，營造了一個較健康的環境，如果（以毒性思想、化學、食物或能量形式存在的）過去沒有出口，那它就留在我們的身體系統裡，對今天的你造成負面影響。一個健康的身體應該有著持續不斷的水流動經過，而且因為我們的生理構造，皮膚是這個過程進行中的重要組織。

將水份從身體移走的自然方式是屎尿和汗水，這三者需要各司其職，各得其所。主要靠肝臟綁住毒素，然後透過腸子將它們送出體外，這就是定期排便如此重要的原因，但這不是指其他的管道就不重要，我們也透過皮膚排毒，但大部分的我們平日很少流汗，這很像把馬桶堵住，還納悶為什麼房間裡有異味。皮膚是我們百萬年來清除身體垃圾的主要管道。

你需要每天流汗，而今天就是你開始流汗的日子，找一種會讓你動起來的運動，持續做到你冒大汗，烤箱也行，但運動也有其他的潛在好處，所以讓運動成為你的優先選項。

想想一條不流動的水，它會變黏、變綠，一條靜止的河流是一條生病的河流，此刻你身上正發生同樣的事嗎？

這條流過時間的河在你的身體裡是活的、是健康的，你看到的不是相同的一條河，而你的身體也是不斷變動的。

解開這股流動，讓昨天的負擔從你身上流過去。

第60天・陽光下的時間

陽光近來被批評得一無是處。我們都聽說曝露在紫外線下會導致皮膚癌，我們一直被皮膚曬成棕黑色有多危險的訊息轟炸，很多人可能因此被嚇到把自己關在家裡，或者戴上一頂可笑的帽子，還抹上一層防曬乳。當然，曬太多的紫外線可能會有問題，但這裡也有因噎廢食的嫌疑。我們需要陽光啟動維生素D的合成，需要全光譜來平衡神經傳導，而且我們也許需要陽光中十幾種科學家尚未發現的元素。身體生來渴求足夠的陽光，而且我們需要盡力與留心的努力，更常走向戶外，以便得到那些好處。

今天，不論是什麼季節，氣溫是幾度，試著在戶外待上一段時間，不要凍死或是把自己烤焦了，但是要讓自己走到開闊的天空下，讓太陽光灑在你身上，今天雲好多？聊勝於無，而且你仍然會得到許多好處。

好的，那麼，你只呆站在那裡嗎？

不，好好吸收陽光。

這是一個在現代被遺忘的有力練習，植物吸收陽光與光合作用的能量，這是生命的奇蹟之一，而且讓我們得以透過食物鏈生長。

今天，像植物一樣吸收陽光，站在戶外，透過身體的每一個氣孔「吸收」它。閉上雙眼，想見陽光經由每一個細胞進入你的身體，利用每一次的吸氣將陽光深入引進你存在的中心，然後在吐氣時讓陽光散布到全身。

在那裡呼吸若干次，曬太陽、吸收。曝曬你的皮膚接觸這些元素，在舒服的範圍內盡量曬，直曬的陽光比較容易吸收，但有什麼日光就曬什麼日光。透過一些練習，你將會發現這個練習不可思議地令人青春洋溢。事實上，你甚至可能在意識深處發現古老的「植物DNA」，釋放一些有趣的技能，學習這個練習並且定期練習的人，確實能用日光讓他們整個身體、心智和靈魂充滿能量。

你能使用這當中的能量嗎？

這顆星球所有生命的力量就在你的頭頂上，這很棒。也許現在是與陽光連結的時候了，重新點亮內在的火，太陽的光線能在你的內心點燃火花。盡情吸收陽光吧。

第61天・飲茶時間

飲茶時間在很多文化裡都受到相當的重視，這是其來有自的。它有助於度量一天的時間。在美國，不知道是什麼原因，我們已經習慣整天急急忙亡，沒有任何真正的休息，即使是午餐時間，人們囫圇吞下一些食物，便趕著去拿乾洗衣服、衝去銀行，然後再打幾通電話。這簡直是瘋了。

傳統文化總是藉著某些儀式來推移日子，幫助緩和步調。這確實有助人們安頓下來，做個深呼吸，放鬆享受一些愉悅的對話。

生活中，你上次這麼做是什麼時候？你是否像個瘋子一樣過日子，完全停不下來，一停下來就垮掉？這樣能持續多久？**重點是營造一個飲茶時間的儀式，作為你生命中「定心的心錨」**。吸煙者總在忙中偷閒，你為什麼不該如此？

今天讓我們花幾分鐘喝杯茶。如果你有機會，擺上一只茶壺，如果你對咖啡因過敏，或者已經超過下午兩點鐘，那就準備花草茶。在你一天之中，覺得不堪負荷而且累壞了之前，找個良辰吉時喝茶。當你想要喝酒時，喝茶就太遲了，飲茶時間的目的就是要攔截這種情況，在有害程度的壓力堆積在你的身體系統之前，幫助你吐吐怨氣或怒氣。這個儀式很有效，因為茶是一種無法匆匆忙忙把它喝掉的飲品，它需要時間煮，需要時間入味，而且太燙，不能喝太快。我建議你找一個寬口的杯子，這樣你可以用兩手捧著，慢慢地啜飲，吸進蒸氣。早上大約十點以及下午大約三點各喝一杯比較理想，這能很好地切分一天的時間，並且真正給你完整的時段來工作和休息，讓你立即重新啟動。

你不需要因為這件事改變整個生活，但今天先做個實驗，白天小休息兩次飲茶，花十到十五分鐘啜飲你選擇的茶，並且好好放鬆，不論是自己獨飲，或者和一位不會討論工作壓力的同事。

這可能需要幾天才會習慣，但你會很快發現這個儀式中的慰藉，而且很明顯地，發現你的生產力很可能提升了。看看英國。他們曾經引領全世界的商業活動，造就了世界上最偉大的帝國，他們花時間飲茶。也許我們可以從他們身上看出一些智慧。

看看你的感覺如何，如果你喜歡，可以花工夫在生活中營造像這樣的儀式，看看它會帶你到什麼境界。

你有很多時間，分配才是問題，為自己創造優質的時間，讓工作時段不那麼傷腦力，當你感覺比較不傷腦力，便耗費較少的能量，並且感覺較舒爽，更有生產力。這題數學很簡單。不要落入美國人「當你死了就可以永遠休息了」的心態，這會害死每個人，包括這顆地球。今天，讓我們慢下來，啜一口茶，享受人生，多麼棒的概念！

第62天・火焰旁的時間

今天你需要找到火。瓦斯爐上的火也可以，但理想上是一堆美好的、老式的、燒木頭的火。準備好今晚要舒舒服服的，和火共處一段時間。

火是一個神奇的東西，但我們很少把它放在心上。火是在我們眼前物體能量的釋放與展開。那些木材（或者天然氣）被置於極活躍的狀態，使得分子鏈之間的能量以熱的形式被釋放出來，那些能量是很早之前儲存下來的，若是天然氣，可能是更古早之前。

所以，你正在做的事，是回顧過往的時空。你正隱約看見被困在某種材料的生命能量之窗，從這裡，又被釋放回大氣層，它並不是靜止的，就像凝視一條流動的河水，火焰也不斷因新鮮燃料的燃燒而重新生成。

坐在火光前，思索它的永恆。凝視火焰，回望時空。你正看見古老的能量朝你而來，這被捕捉住的能源是許多許多年前來自太陽，被某種植物帶入了化學鏈，然後形成了碳。因此，這是來自多年前地球上某一天的陽光。

這道火焰讓你覺得如何？古代的瑣羅亞斯德教用火來清洗他們自己的能量，淨化他們的靈魂。他們在節慶時過火，坐在火堆旁，清楚認同火能清淨他們的不潔。

今晚的練習是在你的火光旁邊安頓下來，讓自己沐浴在光裡。當你坐在那裡，**讓火的能量淨化你的思緒、感覺和心情。**諦聽火焰的聲音，定著在那當中。

一旦你在木材燃燒的火旁邊待一陣子，將會注意到火焰升滅的力量轉換。隨著新木材的添加，火勢會增強、變得猛烈，之後，發散的熱開始平穩與減緩。如果等太久沒有添木頭，它就熄滅了。火焰變成火紅的餘燼，然後逐潮消失。

你燃燒生命的方式，正在哪一個階段？你正需要整天添加新木頭，保持人生的營火旺盛，還是正辛苦找木頭來點火？你的火焰燒得如何？可以做什麼調整來找到更好的燃燒率？這些是只有你能回答的問題，而且可能需一些嚴肅的思惟。讓眼前真正的火光當作你的導師，指引你的覺知，定在它所引導的放鬆狀態，讓它發散的能量清淨你的心靈。再者，這是產生創意好點子的地方。清除雜念，讓靈感從純淨的狀態迎向你，到達那個境地時，想想自己的「火」，以及可以怎樣調整它，以更符合你的需要。

第63天・時間與光

時間與我們體驗到的光的質素是不可分割的。我們已經發明了利用太陽與我們星球傾斜的角度，來追蹤一天中的時刻的方法，這帶給了我們日夜與四季，而且全與從天上照射下來的光量子束有關。

我們對時間的感知，緊密地與我們環境中光的多寡相連，它有助提示我們的粒腺體為這一天慢下來。人類百萬年來已經依賴這種機制生活，而在過去一百年因為大量的光，確實挑戰了這個迴路系統。

早上很早出門時，注意四周時間速度的印記，一開始很緩慢，萬物才開始要動起來，鳥兒也許正開始歌唱，遠處可能有車聲開始啟動，這一切仍然平靜而和緩。透孔鼻孔做幾次深呼吸，留意周圍的環境，如果可以，打赤腳。

當太陽升起，時間快了起來。我們開始加快動作，世界也開始繁忙。事實上，整個世界有效率地運轉起來，直到下午時分，太陽的弧線轉而向下彎曲。我們想著回家，然後再次慢下來。當陽光開始昏暗，我們受到暗示要慢下腳步，放輕鬆。

至少，這是在一個理想中的宇宙，不論你住在世界上哪一個角落，清晨依然是相對柔美與安靜的，人們逐漸開始動起來，然後出門；但如果我們起來得夠早，可以體驗一些相對的平靜。現今的挑戰通常是在夜晚，太陽下山後，我們依然從家裡、行動裝置、電視吸收到大量的光，這使得身體遠遠脫離人類演化同步的大自然韻律。

當你與這些韻律協調時，看看會發生什麼事。中午時出門到太陽底下，吸收一些陽光，感覺如何？你可以感覺到時間質素的差異嗎？應該會。

今天，體驗周遭的光線開始移動時，你的感覺有什麼不同。從黎明到中午到黃昏的大轉變，是你展開這個練習的起點；但是稍晚你將能發現其他時間的細微差異。觀察白天稍晚光線的紅移，然後，看看你在黃昏或月光下的感覺。**這些事戲劇性地影響我們的情緒與心理空間感，最困難的就是踏出戶外來體驗這些，今天是你做這件事的日子。**

今天晚上，走進院子或者附近的一塊地，看看相對的黑暗，盡你所能地關閉任何光源，或者去某個較少光害的地點，慢下來，在相對較暗的地方待一陣子，看看它對你的心智有什麼影響，看看它對你的思慮速度的影響，你可能需要三十分鐘來真正感受它，所以，慢慢來。

第64天・每天規律的小休息

今天，我們要練習小休息。在你的手機或桌上型電腦上設定每二十五分鐘休息五分鐘。把這件事安排到你的一天裡，確定時間到的時候你會休息。

起初你可能會覺得不情願，因為，一如往常，你有這麼多的事要做，沒關係，在這件事情上相信我，每二十五分鐘休息五分鐘，意思是每小時休息兩次。

好的，要不要現在試試呢？

站起來，伸展一分鐘，身體的哪一個部位不舒服，就伸展哪裡，去感覺你卡住的地方，讓那個部位放鬆。做這件事的方法很簡單，只要在你往不舒服的部位伸展時，往那裡吸氣，當你的呼吸充飽那個部位時，允許你的感知放鬆到那裡。

接著，想想你需要什麼，並且做一些快速的肢體活動，也許是一些蹲坐、弓步、伏地挺身、開合跳，或者幾個下犬式的瑜伽動作。花兩到三分鐘做一些活動，讓你的血液流動，也許多伸展幾秒鐘，然後去倒水、上洗手間，或者任何其他你需要做的事。

保持只休息五分鐘的習慣，這樣你便不會迷失。在一天八小時的工作天裡，你會有十六次的休息，所以，如果你想到其他某件事，只要再過二十五分鐘你就可以去做了。

這對你有什麼影響？

好處多多。

首先，這會讓你的血液流動，避免昏沉。這會讓氧氣持續送到你的腦部，驅使肌肉代謝糖，隨著新陳代謝率活躍，你的靜止代謝率也會升高，這意謂著一天裡即使坐著，也會燃燒較多的卡路里。

它會幫助你更專注、清淨、頭腦清醒，這通常比咖啡有效。

另一個額外的重要好處，是它能幫助你的姿勢骨骼。長時間痛苦的坐姿使我們「彎腰駝背」，我們的肩膀傾向前場陷，髖屈肌變緊，下背也不正常。起身調整這種傾向，確實有助改善久坐引起的僵硬不良。

今天就設定好你的計時器。

最差的情況就是：你看不出任何好處（但這不可能），然後明天回到你的舊習慣。但當你看見你在能量與情緒上的提升，你會開始讓這件事成為日常例行的主要部分，而且絕對不會再回頭了。

投資一些時間在你身上，而你「失去」的時間，將輕易地從提升的生產力、能量，以及一天漫長的工作後更健美的身體彌補過來。

第65天・沖澡時間

你是否享受你的沖澡時間？為什麼？通常是因為這是你整天所能得到的最私密的時間。也許是因為熱水能幫助消融你緊張的肩膀肌肉。是的，它很有療癒作用，是拋開煩惱的好方法，但這裡的挑戰是：除非你有一個能夠過濾水中氯氣的蓮蓬頭過濾器，否則你會透過皮膚吸收氯，並且吸進你的肺，這會和你身體裡的好菌混在一起，對甲狀腺會有負面影響。

即使你真的把氯濾掉了，好好沖個熱水澡可能感覺很棒，但氯對環境也不好。乾淨的水是寶貴的資源，全世界都面臨缺水挑戰。你有可能正燃燒煤來加熱你沖澡用的熱水，很多戰爭都是因為能源而起。

所以，你要怎樣獲得一些隱私、放鬆你的身體、清淨全身，並且感覺你準備好開始你的一天？

洗澡洗很久通常是來自於個人時間的不足。意思是，你沒有持續滿足自我照顧的需求，所以你在沖澡時拖延，花了比你應該花的時間更久。今天，看看你可以從生活中的哪個地方掙回對自己多一點的愛，如此一來，你不會覺得自己被虧待了。你可以從哪些別的地方得到？晨間伸展？也許是每星期一次的按摩？你得決定你需要什麼，以及你可以從哪裡得到？今天的練習重點，是把覺知帶到某種處於自動駕駛模式的事物。

我們通常每天沖澡，所以它變成一種習以為常、無意識的行為。我們進到浴室，做「沖澡的動作」，但我們的心思通常在別的地方，我們想著盤桓心中的瘋狂經驗，站在那裡浪費水、燒錢。沖澡沒有問題，但請有意識地沖澡。也許是真正專注在你的身體上，洗身體時，給予格外的注意，那就成了一種儀式；這是有意識的。

泡澡很棒，如果你需要一些關機時間，你可以準備浴缸、放些鹽巴、精油、點幾支蠟燭，準備一些「你的時間」。如此一來，你可以沖個快澡，沖掉外面世界的髒污，然後融進浴缸，想泡多久，就泡多久，好好地泡澡，享受這個經驗。結束的時候，你可以再很快沖一次身體，做個完結。

如果你一個星期需要久久地泡澡好幾次，這會如何影響你站在淋浴間的時間？真正的問題是：你真正需要什麼才覺得完整？這不是沖澡能帶給你的。沖澡只是一個藉口。你可以在哪裡找到，並且分配你覺得適合的時間，來感覺完整？找到它，並且享用它。你將發現，這會深深地影響你整天運用在其他許多活動上的「時間差」。

第66天・年輪

看一棵樹的年輪，可以從中解碼大量的訊息。當你注意到季節之間的不同，可以看到過往歲月的印記。你可以看見什麼時候有嚴冬、缺水、艱辛的歲月，也可以看見水草豐足的美好日子。凝視過去的歷史，年輪帶給我們一本有趣的年鑑，映照出眼前這塊倒下的樹木的生命。

今天，以這種背景想想你的人生。如果你也有這些同心圓標畫出活過的年歲，它們看起來會長成什麼樣子？想一想你曾經歷過的困頓日子，留下什麼印記？你是否有過幾年壓力大的日子，並且在身上造成傷害？還是有些你必須忍耐的過敏食物？**我們都經歷過大小不同的事件，但這些影響都註記在身體細胞的某處，一種很像年輪的年鑑。**

照照鏡子，仔細看看也許還留在那裡的線條。是來自歡樂還是悲傷的時期？你長期曝露在那些情況裡嗎？或者仍隱隱牽繫著？在這些過程中，是否留下任何傷痕或者已經康復了？

今天一起來記錄我們的生命，記下影響我們最深刻的年份。只要隨著時間軸檢視，寫下具有重要性的年份或時期，你可以從現在往前回溯，然後從出生再開始回想一次。

如此一來，你可以想起更多事，並且想起更多細微差別。只找大事，在一棵百歲大樹的年輪裡可以看得見的痕跡。

現在，讓我們來看看你目前的生活是怎麼過的。你正在前往另一個恐怖峽谷的衝突點上嗎？你正享受靜好歲月，還是充滿挑戰？

這個練習幫助我們獲得人生的大致圖像。我們都是終將倒下的大樹，倒下的那一刻，我們的生物記錄上會記下什麼？接下來是更進一步的練習，是從過去中得到教訓，並用更高明的技術在人生中航行。重大的打擊使我們受傷很重。經歷太多的寒冬可能馴服我們，但也可能太快奪走我們的生命力。

要如何調整你的燃燒率來平衡這些狀態？你對長遠未來的期望是什麼？你已經為那些年準備好了嗎？焦慮通常來自於對未來沒有安全感。今天，想想你可以做些什麼，並在那裡找到一些平靜。你可以重新配置一些基金，作為雨天的投資備案嗎？你可以改變那些長遠來看對自己不利的生活型態習慣嗎？仔細看看你在未來的拋物線上會遇到什麼挑戰，並在今天做一些微調。

多年後回首看看現在的自己，你目前一切的努力是值得的？這是你的要務。

第67天・建立一項遺產

你曾經想過你想留給世界遺產嗎？好的，今天你來想。

如果你在這顆星球上的時間是有限的，那你就和大多數人一樣，不論你正大啖多汁的高麗菜、泡冰澡、避免任何加工食品，或者用力吸人蔘，你最終依然得離開這個地方。你留下來的遺產會是什麼？

大部分的人把這個問題的焦點轉移到孩子身上。他們覺得已經撫養了幾個乖巧的孩子，可以停到路邊休息了，而且認為教養工作可以放手了。你已經走了這一大段路，很好，但除此之外，你還做了什麼？你個人對你這一個角落的世界產生什麼影響？今天，我們要趨前看看你人生中的未竟之功。

什麼事件對你而言是最重要的？你最不能忍受看到哪一種不公不義？你身邊的什麼事令你徹夜難眠？

今天是你宣布加入這個行動的時刻。

這個世界有許許多多的問題，而且這些問題不斷倍數成長，因為太多人冷眼旁觀，認為這個挑戰太大，或者其他某個人會處理它。

沒有其他某個人。

那些人不是在看電視，就是有他們想追求的熱情。如果有某件事在你身上點燃了興趣，或者令你沮喪，那就是一個很好的徵兆，顯示你有責任去解決它。這就是你的業。

你想要你的墓碑上刻著哪些字？你對目前人生的故事感到快樂嗎？或者還缺少了一些要素？如果你知道人無論如何免不了一死，那麼，你可以大膽地獻出你的生命做些什麼，讓世界產生真正的改變？你可否想像在你的墓誌銘上的哪些話，會讓你覺得欣慰而且驕傲？現在，開始寫下那些字。不是明天，而是今天。不論你正朝哪種令人驚嘆的方向走，或者，你對該做什麼仍然混沌不明，今天就是你朝向那個目標，做些重要事情的時候。踏出一步，即使是只能絲毫推動世界朝你想見到的某種「善」的很細微的一步。

也許你想過，當你退休了，就會做這些事了。不。那時候你的精力衰退了，更多的病痛，動機少了，到那時候，世界上已經沒有樹木可以看了。今天就付出一些行動。

現在就開始，深切地了解你想要留給世界的遺產，今天，開始畫下計畫藍圖，讓它成真。接著，**做你覺得朝這個方向前進的一件小事**。目前，你可能每星期只有幾個小時可以為這項遺產付出，這不成問題，你需要用一些行動來激起火花，然後，它會長出自己的生命。等待是最邪惡的罪，你等得愈久，你就得繼續等待更多的藉口。然後呢？然後你無聲無息地死去了，沒有在世界上留下任何永恆的印記。這不是你會做的事。

今天，看看你想要那項遺產發展到什麼規模，然後開始做一個取得這些墓誌銘的計畫。計算你認為你還剩下幾年生命，看看你需要付出什麼代價，才能留下你想要的印象。這可能是一個很大的突破，需要很多人幫忙，沒問題，人們會追隨擁有明確願景、有熱情、眼中有生命火光的領導者。你的火花在哪裡？

找到它，點亮它。

第68天・床第時間

床鋪是用來睡覺和做愛的。應該是這樣，但通常我們用那個空間做太多其他工作，就像我們在生活中做的其他每件事。所以，今天你要把你在床鋪做的其他每件事搬到別的地方。這裡是一個神聖的空間，在這裡，你的心知道該是關上心靈之窗的時間，為夜晚關機。一些輕鬆的閱讀是可以的，但在床上作帳顯然是不衛生的。如果你還盯著螢幕，等於是犧牲自己的睡眠。

今天讓我們來看看你的睡眠衛生習慣。你是否在晚間好好地放慢速度，為睡眠做好準備？你是否將外面世界的瘋狂隔絕在你的臥室之外？夜晚應該是典型的慢緩時間。

今天看看你的臥房，這個房間亂七八糟嗎？如果是，這會反應到你的大腦，今晚睡覺前，清乾淨你的空間。你在那裡有台電視嗎？現在是把它拿出去的時候了，所有最好的睡眠專家都同意，電視對睡眠的干擾極大，也會扼殺親密感，在你該清除所有雜念時，反而在你的大腦激發無意義的噪音。

你在臥房的溫度有多涼爽？有人發現最佳的溫度（這個因人而異）是華氏六十八度左右（約攝氏二十度）。比較涼爽的房間有助睡眠。走一圈，拔掉任何不需要的電器，誰知道所有那些嗡嗡響的新機器會對我們有什麼影響？當我們睡著時，是相當沉靜而且脆弱的。別用最新能量的有害電磁波來烤自己。

現在想想安全問題，你在夜晚時很有安全感嗎？是否有巨大聲響會讓你突然跳起來？你枕邊的打鼾怪獸有沒有解救方法？如果是住在高犯罪率的地區，也許需要一個好的鎖。也許養一隻狗會有幫助，也許你的狗打鼾，那牠需要習慣睡在客廳。重點是讓你覺得住家很安全，讓你能在夜晚安然入睡。睡眠是放鬆的，墜入夜晚寧靜的黑暗之中。

黑暗是光亮的相反，這點似乎很明顯，但你今天看看臥室四周，找找所有會發光的物體，即使只是一丁點，那就是光害，而且會稍微影響你的睡眠，改善它。

下一步是想想你帶到床上的所有活動，你在床上打電話嗎？在社群媒體上閒逛？除了睡覺和做愛，你在床上做什麼？條列出來，並且開始想一個計畫把所有這些都移除。**你在生活中可以自由做那些事，但不是在床上，如果你能守住這條線，神奇的事就會發生。**夜晚會變得更平和，你的休息和復原循環會改善。時間在晚上會慢下來，這會帶來較佳的情緒、更多的能量，以及意識裡更寬廣的空間，你會有更多的時間思考、照顧自己，而且每一天能完成更多事。

經年累月的小事通常能造就人生風景的大不同，今天，拿回你的臥室，讓它成為一個深度睡眠與更親密關係的港灣。連續試幾天，你將會發覺深刻的差異。

第69天・我還剩多少次心跳？

你的心跳每天大約十萬次，這樣算起來，一年大約三千五百萬次，平均一輩子是二十五億次，就這樣，你全部擁有的就是這些。

如果你有很多錢，例如二十五億，你會覺得自己很富有。據說全世界人類的平均壽命是七十一歲；所以，如果你現在是四十六歲，你已經燒掉了十六億的「人生現金」，還剩下九億，還是很多，但要到哪一個點你才會開始擔心起來？好吧，不管你現在幾歲，如果你現在過的不是你想要的人生，這個答案應該是「現在」。

讓我們看看你在人生中是如何翻滾的，**看看目前的軌道是否讓你的心跳真的朝向你整體的圓滿與幸福前進**。如果你被困在一種固定的模式，在未來六年內也看不到出口，那就是在錯誤的方向，浪費了兩億一千萬次的心跳，將近十分之一的人生時間淨值，這樣是合理的嗎？或者，你此刻就需要做一些調整？

今天看看你個人的心跳數學，哪些是最難忘的？有多少個日子平白過去，或者被煩惱或分心的事物吞噬，感覺不值得？也許還好，但又有多少次的心跳是在難過的時光中虛度？有多少是在極度壓力與威脅之中度過？你需要投資多少個快樂的心跳，來抗衡那些辛苦的歲月？

這裡沒有固定與真正的答案，只有觀點的改變。三不五時想一想這個概念，是一個很好的練習，以免我們的人生走偏了。我們經常發現自己停靠在人生高速公路的路肩，只在我們寧可不用去的地方閒晃。你此刻正在那裡嗎？如果是，那麼，你如何安排一個改變方向的計畫？

關鍵在於，明白你在這裡的時間是一項禮物，而且，當那些心跳用完時，你的時間就到了。你在這顆星球上還想做什麼？還想體驗什麼？哪些地方你需要去看看？如果你想要去一座名山健行，為了順利成行，你需要維持什麼體能狀況？有些事情不能等到退休，今天就來把這些事想一遍，沿著你的軌道，開始做個計畫來支持你的夢想與盼望。

你還剩下很多的心跳，要體驗世界上一些真正的喜悅與幸福，在接下來的幾天，想想如何讓每一天都有事件發生，讓你能感覺到幸福和喜悅。

第70天・泡澡時間

今天的練習項目可能得等到晚上。挪出至少不受打擾的三十到六十分鐘，好好泡個澡。這可能要等小孩都睡了，或者他們還在學校的時候。你不只是找時間做這樣的事，你得精心安排時間。

好好的泡個澡，伸展你的手肘和肩膀，你得需要一些東西，可以在任何一間藥房裡找到：

- 瀉鹽
- 少量薰衣草精油（或乳香）：有很多種有助放鬆的混合物。芳香療法很棒。
- 蠟燭
- 靜心音樂

在放泡澡水之前，先快速沖個澡，加入一到兩杯的瀉鹽，讓浴缸注滿水。進入浴缸之前，加進精油。點亮一支（或數支）蠟燭，並播放音樂。把所有其他照明都關起來。

如果你用不到手機，調至「飛航模式」。這是屬於你的時間！如果時間有限，不能久泡，那就設定鬧鐘，如此，你可以確保能放鬆進入你所精心安排營造出來的空間。

慢慢進入浴缸，找到舒服的姿勢。

下一步是開始呼吸至你的下腹部，很深沉、很緩慢，就是這種氛圍。做至少二十次的深呼吸，然後停下來自我覺察，看看覺得如何。**如果感知到任何的不舒服，讓它放鬆，讓它溶化到浴缸裡。**

一旦你再次覺得輕鬆，回到你下腹部的呼吸。持續這個循環，看看可以放輕鬆到什麼程度。偶爾，意念浮現，你只需要觀察，讓它飄過，就像是一層層的洋蔥，任它自行剝落。想像浴缸吸收了你全部的毒素，就好比鎂透過你的皮膚吸收，它會從瀉鹽自然地釋出。鎂有助於激發粒線體活動，進而讓你充滿活力，也會安定神經，幫助睡眠。

泡好澡時，將浴缸的水放流，慢慢起身。再開一次蓮蓬頭，但這一次，讓溫度稍微比正常體溫低一點，不需要到冰冷的程度，但足以封住你的能量中心，激活你的氣。

為你自己花費這些時間，也許看似有些奢侈，但看看如此大費周章專注愛自己的獎賞行為之後，你覺得如何。你將會發現這段有品質的時間「投資」可以帶你走一段長路。

我們許多人在週間抱怨沒有自己個人的時間。當我們繃太久，便開始嚮往遠方、大清理、轉換職場跑道。其實也許只需要定期看一點旅遊生活頻道，就可以讓心情得到平衡。當我們按下暫停鍵，為自己花一些時間，就會感覺到幸福時光。你將發現你的能量水槽是注滿的，可以整個星期都當一個更好的你。

第71天・心血管時間

我們文化中的「快速」，與心理上的速度是相連結的。我們兩手在空中同時拋接好幾個球、趕上各種最後期限、省略正餐，這是愚蠢的快速。真正以健康方式帶來的速度，完全是另一種心跳，這會讓我們的生理狀況有點忙碌，它會幫助釋放出我們的腦內啡，排出身體的毒素，讓淋巴流動，有效地刺激粒線體與能量輸出。這是一件好事。

所以，今天的練習是和你的心跳玩個遊戲，感覺它在時間性質中的轉變。去一個公園、健身房，或者只是在家中找一個空間，準備做運動。先做伸展與熱身，以減少運動傷害。

心血管運動對你的心臟和整體的健康很有益處，這可不是什麼新聞。今天，讓我們用不同的角度看看心血管，將能提供稍微不同的觀點，並在日常生活中證明是有用的。

當我們提高心跳率，就像時鐘開始走快一點，血液是透過離子梯度這個載具輸送的，而心臟會幫助引導體內血流的方向，速率增加，將更有效率地運送更多能量、氧氣和營養到大腦和肌肉。

你身體外的時間也許是以相同的速度滴答行進，但它在身體內顯然是加快了，這給了我們一個基準，當你抓到了「快速」，要了解如何找到「慢速」就變簡單了。

當你準備好的時候，開始跑步、騎自行車、划船或是游泳。先熱身大約十分鐘，然後釋放到你最大的強度，讓你的心跳增加，在你心跳最快時停留一到兩分鐘（視你的健康史與體適能程度而定）。對大部分的人而言，大約是每分鐘一百六十到一百八十次，你可以在健身房找出自己的最大攝氧量是多少，知道這個很重要，而當你的心在跳動，卻呼吸困難時，這更是關鍵。

之後，慢下來，讓你的心跳回復到平常每分鐘一百一十次，這可能會需要幾分鐘，視你的狀態而定，所以，留意你的身體感覺如何。

心跳回復到每分鐘一百一十下時，加快速度，回復到你的最大心跳速度，然後在那裡停留幾分鐘，之後，再次緩和心跳，回復到原來的水平。反覆這個循環兩到五次，再做伸展，完全慢下來，回復你的呼吸頻率，看看覺得如何。

這對於體驗我們對時間性質的觀感，是非常好的練習，是非常有力的一課。首先，它教我們，擁有健康優質的心血管能帶來更多的活力彈性，包括生理上與心理上。第二，它顯示我們的認知會隨著身體的「燃燒率」改變，而我們生理狀態的快速改變，可以深深地影響自身對現實的觀點。這會教導你許多關於你自己的事，並且讓你更擅長掌控被稱之為人生的大船。享受這股燃燒吧。

第72天・黑暗中的時間

今天的練習確實得等到今晚夜幕低垂。昏暗中的美好時間是我們的祖先世世代代生活的方式。當太陽西下，他們便放鬆下來就著燭火，或者圍坐在火邊消磨時光。

過去，人類習慣黑暗，而且它能安撫人心，對身體有療癒效果。怎麼說呢？黑暗會暗示我們的大腦開始關機，準備睡眠。這時我們的體溫下降，讓人體進入維修模式來修復組織、生長，以及整理繁忙的一天，坦白說，就是進入「重新設定」的狀態，我們需要黑暗來幫忙觸發修復。

今天晚上，花幾分鐘在黑暗中和緩下來，如果你的身邊有其他家人，也許得找一個房間關在裡面，或者更好的作法，邀請他們一起加入。把燈關上，只要坐下來一陣子。

開始的一、兩分鐘，呼吸下沉到你的下腹部，雙眼閉上。當你集中起精神，就可以睜開眼睛了，看進、看透眼前的黑暗，讓你的雙眼適應黑暗。你看到什麼微弱的光？也許是時鐘、某些電子產品或牆上裝置的光，也許有外面街上漫進來的光，或者外面走廊映在下方門縫的光。你看得見月光嗎？

慢慢深呼吸到你的下腹部，只要注意漆黑的房間裡微弱的光暈。這樣有嚇著你或是使你不舒服嗎？為什麼？你在你自己的房子裡，而且一分鐘前還很安全，為什麼人為光線消失後，會讓同一個房間變得嚇人？對著黑暗呼吸，讓身體放鬆。

我們很多人無來由地被黑暗嚇個半死，你並不需要走動，所以也不需要擔心受傷。當你做完這個練習時，可以利用手機的光線站起來，走到電燈的開關。沒問題的，只要坐著待在那裡，放鬆進入房間裡的黑暗。

經過一段時間，你會發現在沒有光的情境下是多麼地平靜，這才是夜晚該有的樣子，我們生物本能習慣的狀態。在黑暗中待了幾分鐘後，我們的大腦得到這個信息，開始暗示身體慢下來，減速進入夜晚，這對我們的時間感知有深刻的影響。

考慮將這個練習變成一種每天晚上的儀式，而不只是單次的活動，看看它將如何改變你的夜間例行公事以及睡眠的狀況。想像一下，如果你用連結大自然光的韻律來結束一天，而不是用睡著時電視對你的閃光，或者甚至是在床上閱讀電子產品所產生的光，那會有多麼地平和。黑暗能幫助你將能量的指針驅向緩慢。請自在，並且對著這個空間深呼吸。剛開始可能有一點困難，但隨著經歷一些美好時間，你將能利用黑暗來緩和時間，並且相當有效地放鬆你的身心。

第73天・尋求協助

你是否因為有太多事情要做，時間被剝奪了？還是因為「你」要做太多事，而時間被剝奪了？你是否覺得得不到任何幫助，所有的時時刻刻都被你生命中的功能機制所卡死了，不論是你整個家庭、整個辦公室、整個社群，或者上列全部的某種組合？那麼，你並不孤單，而且，你也不必然要如此。

尋求協助並不容易，因為我們都有某種程度的控制狂。我要用「這種方式」來做，而且要按「這種順序」……好比我們的工作還包括作業流暢度的幕後規劃，如果我們不時時刻刻忙著處理後勤支援，甚至就不能確定我們要做什麼。

然而，無法獲得協助是很讓人疲於奔命的，不尋求協助會導致精力耗竭。今天，我們來為它做點事。

回想昨天（或者更好的例子是某個尋常的一天），開始寫下你從早上醒來，一直到晚上睡著之間，做了哪些事。認真挑出一天裡的每一項細節，從沐浴到跑腿每個芝麻綠豆的小事，這個得花上幾分鐘，但是值得，每個活動寫一列，繼續往下列出清單，如果你跳過了某個活動，只要在你想起時加上去，然後繼續。在每個任務／項目右邊，寫下大概所需的時間。

一旦你完成了你的清單（但它從來不會完整，因為你每天都做了一百萬件的事），開始從上往下讀每個項目。在每一個你認為找得到人幫忙的項目旁邊打一個星號。依據你的經濟情況，這些項目可能從「看小孩」或「買日用品」，到「繳稅」或「煮晚餐」或「確認電影時間」。先整個瀏覽這份清單，記下那些技術上有人能幫忙的項目，即使你認為你無法負擔他人的協助，現在只要在那些「不必然」要由你來完成的項目旁打星號。

接下來，再看一次清單，在你已經打星號、而且你覺得可以輕鬆找到人幫忙的項目前，再打一個星號，也許一位朋友或家人可以幫忙，或者你可以與鄰居發起共乘。也許，你不必每天晚上煮新的一餐，可以改成每星期準備兩批食物。也許，某個人有時候可以擔任活動的規劃者，這些就成為第一批可以著手的項目。

你看看這樣行不行，今天你用合理的價錢，上網訂購大部分的東西，這意謂著你可以少跑一些店家，想想你免去了多少的舟車勞頓、停車和麻煩。呼～你拿回了一些時間。找個幫手如何？你可以在網路上用低於美金三塊錢找一個真正的助手（試試 www.upwork.com 或 www.brickwork.com）。有沒有任何可以放手，開心付每小時三塊美金的代價，請別人做完的事？如果有，你會讓一些鄉下的好人家非常開心。

你在工作上需要幫手嗎？也許你需要另外聘請一個重要的員工，或者一些實習生。

考慮一下二八定律（帕雷托法則，Paretos’ Principle），你八十%的收入是來自二十%的活動，所以，什麼是那真正推動你往前的二十%？你在哪裡浪費了時間，你可以在哪裡找到協助？

如果你被家事淹沒，看看同一個法則。你的時間應該用在哪裡？而它卻被用在別的地方？你可以除去什麼？可以從哪裡得到幫忙？這個星球上有數十億的人口，許多人可以做你不需要做的粗活。回收這些時間，讓其他人幫你。今天，選一個你打星號的項目，分配出去。努力讓某個人幫你執行這項任務，然後把它從清單中移除，而且不要讓它回來。如果你第一個指定計畫不成功，再找另一個不用你親身執行的辦法。

第74天・湖畔時間

你是否曾經納悶為什麼湖水如此平靜？其中一個原因是它們體現了靜止的時間。想像一下，水落下來，流經土壤，進入小溪或河流，它流動著，呈現了時間的流逝，你永遠不會看見相同的小溪，但是另一頭的湖水，是這個流動停下來（或者至少是駐足）的地方。水在這裡蓄積、停駐。它滋養湖畔的植物、魚兒、昆蟲、藻類等等。它的沉靜捕獲了我們，它讓我們慢下來。

水喜歡一個可以沉澱的地方，我們也是。今天，找出幾分鐘，停下你一天的流動，找一個湖或水池，坐在它旁邊，如果你不知道哪裡有這樣一個水域，查查當地的地圖，你可能會驚訝地發現這個湖比你想像中的近！安排時間去那裡做這個練習。

沉思你眼前自然的美，深呼吸幾次到你的下腹部，將身體安定下來。想像你一天的流動就像潺潺的溪水，看看從早上到目前發生的事，然後看著水流沿著你的時間軸滾滾流動。回到當下，想像一座美麗的湖水，你現在已在這裡暫停了一天的流動，並花了一些時間來省思。湖水比溪水深，湖水平靜無波，而且安靜。看出這些不同，並將你的心思與這個隱喻保持一致，將你的流動慢下來，並「坐」在你的湖裡，只要在那裡待上幾分鐘，讓速率的改變定著下來。它是你習慣的同樣的一池水，但時間的性質已經改變了。現在輪到你和它一起改變。

放慢你的呼吸，享受你的湖之靜謐。當你想起今天剩餘的時間，只要將目光移向湖水出口的盡頭，你可以看見湖水開始增加了一點速度，又成為了一條溪。沒關係，你很快會到達溪流，你認識那個速度，微笑，並將自己帶回到你的湖之自在與寂靜。

你在這裡能停多久就停多久，如果你無法到一個真正的湖邊，想像那裡的景色和聲音。如果你夠幸運能到一個湖畔，那麼，享受久一點。

停留在這裡，感覺慢下來的流動。這湖水是你與時間的關係之絕佳反照。它可以慢，可以快。此刻，你正在一座平靜的湖中。也許，往下游時你會歷經一些驚濤駭浪，但要記得，那個經驗也是來自於你現在身處的同樣的水。

當我們明白水會如何改變面貌，便可以享受它的每一種面貌。它們全都有一種味道和脈動。時間也是一樣。

當準備好要漂回你尋常的一天，將覺知移到你的湖的「出口」，想見自己再次漂往下游，不要太快，但要享受這趟漂流，並且放鬆地回去。

第75天‧賞鳥

你曾經停下來賞鳥嗎？你上次注意到鳥兒們、看看鳥的身影、聽聽鳥的叫聲，或者追蹤牠們，是什麼時候？

我們周遭有著不可思議的生命語言，藉由鳥兒唱出來。在野外，我們的祖先會留意鳥的語言，好知道是否有獵捕的肉食動物接近、是否會下雨、是否有麻煩接近、是否有食物，或者任何明顯可見的訊息。鳥語傳遞了大自然中的重要情報，而我們需要做的，只是學習傾聽。當中有警示的呼喚、情歌和其他許多訊息。

今天，你的練習是花幾分鐘接通到這個神奇的國度。

走出戶外，找一個舒適的地方，然後傾聽。做幾個深呼吸到你的下腹部，並且以自己為中心，讓你的耳朵仔細聆聽身邊所有的聲音，花幾分鐘安頓到這種狀態，你可能會聽見人類的聲音、機器的聲音和其他許多聲音，這都沒關係。

讓你的耳朵聽見鳥的聲音，傾聽那些聲音，並慢慢地隔離其他種聲音。如果你夠幸運，住在離大自然比較接近的地方，這件事會簡單得多。

保持你的呼吸低沉緩慢，確實放鬆你的身體，只要聆聽就好，隔離所有其他聲音，找到鳥的聲音。剛開始不需要看著牠們，只需要追蹤聲音。

有幾隻鳥？有幾種不同的鳥？牠們聽起來是快樂還是焦躁？很遠還是很近？

這個遊戲沒有輸贏，只是拜訪另一個世界，保持你的呼吸低緩有節奏，只要和那些長著翅膀的朋友一起消磨幾分鐘。

未來，很歡迎你觀察鳥兒們玩耍，但這個練習剛開始只需先專注聲音，認識鳥的歌唱，今天收聽牠們的吱啾聲和歌唱，一旦你與之連結，你隨時都可以回到這個神奇的地方。你在這裡花的時間愈多，你的耳朵愈能聽見牠們，也會浮現更多的微妙之處。這是一種神奇的語言，充滿了許多不易察覺的細節。

鳥類是純潔無瑕的，牠們來自純潔的自然，**其他野生動物離我們很遠，但鳥兒仍天天和我們住在一起。**一旦我們學會傾聽鳥兒們的世界，牠們可以作為我們回到自然狀態的簡易心錨。

傾聽，並好好享受！

第76天・汽車時間

今天，我們要從交通上拿回我們的時間。

美國人平均每天花一小時在車子裡，這段時間，你的脊椎嘎嘎作響、壓迫你的屁股、破壞你的姿勢、減緩你的新陳代謝。不有效利用這段時間，等於是慢性自殺，而今天，你得改善這些情況。

把時間拿回來，找出被浪費掉的等待時間，並且轉成對你有用的某件事。

你可能已經在做的簡易解決方法，是打電話，聯絡朋友、家人，對緩解通勤之苦是一件好事。有些人可能打了很多通工作上的電話，那當然可算是一種有效利用時間的方法，雖然我會說，這對降低你的壓力不會有任何的好處。相較於對著空氣發呆、浪費呼吸，多少的通話時間是合理的？

只有你可以回答這個問題。

你有一直想看的書嗎？有聲書在車裡最適合了。想像如果你利用通勤時間變得更聰明、學到一些知識、得到娛樂，或者至少覺得跟上時代，你會有更多收穫。你可以聽播客、吸收大學的演講知識、學習語言。如果以上這些符合你的長期目標，那麼，你今天就可以下載，或者購買某些東西，供下次通勤時聆聽。

如果你的生活已經失控，需要喘息一下，好的，那搭車時間就來聽靜心音樂，創造一個寧靜的空間。此時，打電話就成為一種分心的事，剝奪你放輕鬆的寶貴安靜時光。如果你需要這段時間，就拿回來，那通常意味著手機響起時，按一下「略過」鍵。

另一項利用搭車時間的要領，是在坐著的時候，保持身體用力，讓姿勢肌活躍。意思是，用你的左腳踩住踏板，讓骨盆是平衡的，兩隻腳都在運作。這也意味著將你的下斜方肌拉在一起，挺直頸子，這樣不會整天彎腰駝背。這些是你把手往兩邊向上舉，手肘在下，並將手肘拉往後口袋的方向時，會用到的肌肉。當你把手肘拉進來，然後放鬆，很像做一個「W」形。坐著的時候，收腹肌，運用你的核心肌群。如果你真的很想當冠軍，在一分鐘裡把你的陰部從恥骨恥尾肌提起來數次，這稱為骨盆運動（凱格爾提肛運動），它能強建你的骨盆、強化核心肌群，增進你的性生活。也還滿重要的。

這則故事的啟示是，不要讓通勤時間成為停滯的時間。它是你的時間，敬重它，利用它來符合你的需求。可能每天的方式不一樣，這也沒關係。這是你的時間，你需要決定每天最佳的運用方式。

所以，今天你需要平衡哪一個地方？為了提升整體健康，你要如何最佳化你的時間？對我們許多人來說，交通可能是一個痛苦的現實，但我們不需要崩潰或投降。

第77天・時間與體重增加

有許多人很關心體重增加的問題，使得減重形成一個巨大的產業。今天，讓我們透過時間的角度，看看是否能從中釋放一些力量。

脂肪本質上是儲存在身體裡的能量。當我們的卡路里攝取量超過使用量，身體便將多餘的能量轉化成脂肪儲存起來，以防危急情況。在古老年代，食物很稀少，人們從來不知道下一餐何時才會出現，但今天情況已大不相同了。

先不提體重增加的卡路里進出模式，我們現在還知道，身體也會利用脂肪保護我們免於環境毒素，我們也會在組織周圍包上脂肪，幫助阻擋化學物質入侵者，而這種「內臟的脂肪」是非常不健康的，它會擾亂血糖水平、新陳代謝率，還危及你的體態形象。

所以，今天讓我們來破解這個問題。脂肪是身體還沒用到的能量，而且被用來阻隔周圍的毒素。我們可以利用這項知識做對身體有益的事。

昨天我們吸收的能量並沒有經由活動釋出。讓我們從那裡開始，這意謂著今天多一點的活動、少一點卡路里，改變以往的進出方程式，讓身體動用我們的能量儲存，這是減重的傳統模式。我們現在知道，實際情形比這個複雜多了，但這依然適用。而你要記住的重要事情是：如果你體重過重，多做一點運動，少吃一點不具營養只空有熱量的卡路里。

今天的功是長距離徒步。花一小時快走，如果允許，走更遠一點。重點是動起來，開啟你的新陳代謝系統。較長時間的連續運動能確實開啟身體想要的燃脂模式，如果你可以在大自然中行走，那就更好了。

重點是看看你目前的體重，然後確認今天還帶著多少的「昨天」。你要如何調整燃脂率，以保持平衡？如果你身上帶著「昨天」多餘的重量，今天就是釋放出來的日子，讓你的身體及時趕上。要怎麼做？你該讓引擎快速運轉起來，翻轉新陳代謝的指針。

第78天・與樹共處的時間

今天你得找一棵樹。轉頭看看周圍，找一棵你想和它待一陣子的樹。如果你在沙漠，就找一棵仙人掌；如果你在月亮上，那你到底是怎麼拿到這本書的？總之，找一棵和你有共鳴的樹，和它消磨一段時間。

樹很神奇。它們的根深掘到地裡，而那裡是奧妙生命發生之處，也就是說，這裡是細菌、原生動物、病毒以及許多其他生命形式在植物根結的土壤中一起分解無機物質，造就「你」的生命成為可能。是的，你在樹根看見的奧妙，讓太陽的能量轉變成我們賴以維生的糖，也讓樹木將大氣中的二氧化碳轉變成我們此刻呼吸的氧氣。

嘿，樹木們，謝啦！

這就是今天的練習，讓我們花一點時間感謝這棵樹。閉上你的眼睛，深呼吸到下腹部，持續幾秒鐘。如果你的環境允許你摸到樹，那現在走到你選的那棵樹前觸摸它，如果不行，只要在做這項練習時，對著樹閉上眼睛。

接下來，想像有一些根系從你的腳底長出來，在下一個吐氣時，想像這些根系深入地裡幾尺。在下一次吸氣時，吸進能量並點亮那些根系，直到你的頭頂。感覺你面前的這棵樹，當你透過想像中的根呼吸時，與它同步，持續做一或兩分鐘。

接下來，想像你的根與那棵樹的根結合纏繞，與之連結。

現在開始與這棵樹一起呼吸，你剛才長高，根也更穩固了，呼吸幾次，像這樣連結，並且利用這棵樹作為你「延伸的生命天線」。跟著它放鬆，確確實實感覺它。

當你準備好繼續，想像你的根與樹的根開始解開。再透過你自己的根從地底吸收能量，多做幾次呼吸。現在，慢慢地將你的手或你的目光從這棵樹移開。在繼續之前，感謝它並且祝福它。**保持你的根在地裡，保持連結，今天整天要感覺你腳下的大地。**

既然你已經見證了「樹木時間」，你可以和其他種類的樹木或植物玩這個遊戲，你會發現它們有不同的能量和脈動。找一棵橡樹，而且，如果你夠幸運能找到一棵高大的紅木，那麼，好好享受這段旅程。

第79天・你今生的夢想清單

今天讓我們想想在你兩腳一伸之前，你想要擁有的夢想清單。不包括所有你不能帶走的東西，讓我們想想你登出人生之前，想要享受的有趣的、有成就感的、豐富的或者頹廢的經驗。要真正填好這個清單可能需要花一點時間，所以，讓我們放輕鬆來做這個練習，探究深處。

想想你第一個想到的、顯而易見的答案。也許是在巴黎吃一頓晚餐、去馬丘比丘朝聖，或者進入太空軌道。也許是在非洲住一年，或者去新墨西哥州看熱氣球。想想你想擁有的所有經驗，列出必須寫進清單的項目。

當你掃描你的心裡尋找想望，一面列出愈來愈多的項目。回想你的過去，直到童年，哪些經驗是你當時朝思暮想的？也列出來，你也許會發現許多目前的渴望，與你童年時的願望相呼應，它們在你的心裡仍然是一個「開放的迴路」。只要掃描過，並繼續條列下來。

完成時，讓我們看這份清單將需要哪一種時間來完成所有的項目。在每一個項目的右邊寫下你好好完成這個經驗所需要為它安排的時間。如果你對這個經驗滿意，才可以標示為已完成，所以，確定你不是為某個遠方的冒險只安排了一天的時間，你會發現有些項目確實可以在半天內完成，例如高空跳傘，對許多人來說，這是一天的旅程，即使它在我們心裡遙不可及。

瀏覽並為每一個項目安排時間，然後再研究一下這個清單，要心滿意足地完成所有這些項目，總共需要多少時間？可能要幾個月，或是好幾年。沒關係。現在，看看你目前的年紀與健康狀況，誠實地估算你認為自己在這個地球上，合理地剩下幾年的歲月。舉例來說，二十年。

現在，我們來看看，如果想要在這個時間範圍內完成大部分想望，即使不是所有你渴望的經驗，需要做什麼？你可能要早一點進行體能上較有挑戰性的項目，不能等到你太老的時候。你也許可以每一季完成清單裡的一些項目，再每年安排一次較大的旅行。也許你的清單很長，可能需要一個月的冒險時間。

這就是現實。你需要時間和金錢來完成許多事。沒關係，如果這些經驗能豐富你的靈魂，讓你快樂，那麼我們需要看看你目前的時間和金錢花到哪裡去了。你要如何重新分配這些資源，轉而投資完成你的清單。

這則數學題可能不簡單，但會逼著你想一些重要的事。你要如何在人生中取得平衡，讓你的熱情、冒險與成就感建置到你所做的事情裡？你何不這麼做？

想想你目前給出去的時間、金錢和能量，看看為了擁有你想要的經驗，你需要將時間、金錢與能量重新導入到哪裡，這會讓你對於盲目地揮霍時間更有覺知，你會看到時間有多麼寶貴。

投資時間到你的夢想裡，你將會擁有一個圓滿的人生。

第80天・療癒身體的時間

我們的身體需要時間來沉澱與療癒。你上一次保留時間做這件事是什麼時候？通常，我們整天急急忙忙努力過完這一天，留下腫塊、淤青、疼痛和疲倦。我們假設會有時間來舔拭和治療我們的傷口，但到底是什麼時候？答案是當我們生病時，而這通常都太遲了。我們的身體有驚人的韌性，為我們承擔這麼多，而我們很少停下來重視身體，或者給身體一些時間和空間來復原。

今天，花幾分鐘與你的身體連結。深呼吸到你的下腹部，放鬆到那個當下，然後問問你的身體它需要什麼，只要保持安靜，傾聽身體和你說的話。

身體可能會提醒你脖子和肩膀的痛，或是最近一次運動的扭傷，或者某個不舒服的皮帶或鞋子引起的疼痛。也許你聽到的是你累壞了，骨頭很有感覺，這都是很常見的。

所以，今天需要做什麼來給你的身體一些復原？

花五到十五分鐘專注在你的身體，如果可以，花更久一點的時間，做任何你想得到的事，來回應你的身體。例如，如果你的下背又痠又累，躺在地板上伸展、滾動、抱膝、做瑜伽，或者任何你直覺認為有幫助的事。這對你的背痛可能不是一針見效的解決之道，但這畢竟是往正確方向的一大步。什麼方向？自我照顧的方向。從這裡開始，你可以尋找專業的協助，朝往解決之道。

如果你的脖子痛，轉一轉，熱敷你的斜方肌，看看你能否站直。最好的方法是站在牆邊，看看你的頭是否能舒服的靠在牆上，如果不能好好靠著，注意你坐在書桌前或坐在車子裡的姿勢。

膝蓋和腳踝需要溫柔的關愛照料，如果關節發炎了，冰塊可能是你的好伙伴，對這些關節而言，強化附近的肌肉通常是解決之道。重點是研究你的療法，找一位專家，最後，去做修復你的身體所需要做的事。

我們所身處的現代生活方式中，常常忽略對身體的自我照顧，我們誤以為可以每天、整天擠壓它，然後拉到醫師的診間快速修復。這是錯的，但我們全都在某種程度上這麼處理，但今天不行。

今天是你餘生的第一天，你的任務是接通一下身體，**問問你的身體需要什麼，然後給予身體所需要的**。單是養成這個習慣，就能在人生中獲益良多。學習暫停時間並省察即是一種典範轉移，是能驅動未來豐收的正確決定。

你的身體需要休息，需要空間與時間來復原。今天，讓我們敬重身體的需求。然後看看會帶來什麼改變。

第81天・保持寂靜

今天將會是有趣的一天。

禁語的心靈修行是很療癒的。我們整天、每天言不及義，把我們的能量噴發出去，而今天的練習會幫助你把能量拿回來。我們住在一個嘈雜的世界，而我們也已習慣製造噪音，參與這首瘋狂的交響樂。

今天我們要禁止這件事，最高標準是躲開和避開每一個人，但這可能不太實際，後退一步，是整天避免不必要的談話。告訴身邊的人你將要做的事，這樣他們才不會整天用「你怎麼了」這種能量來碰撞你。先避免遇到人，只在絕對有需要時才講話，如果你有工作上的電話，大方地接電話，但仍然要注意說多少話。如果必須說話，整天練習把話說得精簡，想清楚要說什麼，然後刻意、明確、一語道破的方式來說。也不用拿掉你說話的甜美語氣，不用太刻意。想想「嗨」這個字，你有幾種說這個字的方式？在說出這個字之前，將你的心裡充滿愛與熱情，聽起來有什麼不同嗎？留意每個單字後面的能量，這能量可以改變整個互動的氣氛和語氣，無聲可能勝有聲，比起空洞的話語，眼神接觸與微笑意謂更加深長。

今天遠離人群，盡量保持安靜。保留你的呼吸，把它留在下腹部深處循環，注意你的生命裡揮霍了多少這些充滿活力的氣息，留意你多常為了說話而說話，為什麼？這通常是一種從孩提時代遺留下來的習慣，或者是為了填補周圍的空白的焦慮作法。今天，我們要學習如何暫停時間，**享受安靜與緩慢的速度，學習在寂靜中自在。**如果想起什麼事，把它們寫下來，然後想想為什麼。在安靜中會有我們影子的暗流，我們得以見到那些套住我們、榨乾我們能量的不舒服的事物。

如果想要更多的時間和能量，你必須注意絆住你的情緒寄生與想法。如果你堅持日復一日失控地團團轉，便無法看見情緒，或是無法聽見它們。

第82天・時間交易

我們每天都用時間來交易事物。我們用時間交易金錢、交易連結、交易好處、交易未來的享受、假期或退休。我們可以現在投資時間，換取稍晚的假期，也可以在辦公桌旁存下一些時數，換取(通常比較少的)在某個不錯的海灘的時數。這在大計畫下全行得通，也很有道理，只要我們從交易中得到我們所需要的。

你是否曾經前往一個期待已久的放鬆旅行，結果被捲入觀光人潮、舟車勞頓、照顧家人，然後滿腹哀怨地過了一個平淡無奇的假期？這種事經常發生。當你想仰賴這段時間去喘口氣、慢下腳步、稍微復原，卻處處充滿挑戰。你投入了數百小時繁忙的工作時間，卻想要買下逃避的時間，而坦白講，以經驗來說，並不會帶來原本你以為的想像，結果通常更慘。

當這種事情發生時，我們可以表現得毫不在乎，但回家時需要想想接下來幾個月你的人生會是怎樣。我們從這種旅行回家時，精力變少了、熱情變少了，動力也變少了。我們需要的是一個健康的重新設定，而我們卻帶著缺憾回家。然後我們每天上班時的耐心和力氣都變少了，而下一次的假期又遙遙無期，你會開始抑鬱、情緒變差，喝下更多咖啡。

今天讓我們來想想這件事。你是否從你的時間交易中獲得足夠的價值？這場交易是否公平、公正、合理，或者你輸掉了你需要的東西？這是個人的算法，需要為你和你的個別需求寫下來。想想你為自己花的時間，以及你投入這場交易的金額，交易價值增加了嗎？

划算的結果：投入的時間小於產出的價值

不划算的結果：投入的時間大於產出的價值

這場交易有趣的是，當你提升人生中的日常品質與價值，它就沒有如此昂貴或沉重的負擔。如此一來，在你休息的時間，你需要償還的劣質時間債務就比較少。最終，你好好的休息幾次，脫離了「壞時間赤字」，人生轉而有新的滋味，日子便開始有趣了。

這是新的熱情開展的地方。

今天看看你如何交易時間，需要做哪些調整來最大化你投入時間得到的價值。

第83天・月光下的時間

上次停下來看看月亮是什麼時候？當時的月相如何？你記得它帶給你什麼感覺嗎？在夜晚給自己一個機會抬頭，我們會獲得沉靜的片刻。也許我們在回想最近的日子，停下來感恩，或者甚至僅是吐吐氣，並吸納月亮的光輝。

月亮是漂浮在我們頭頂上四十萬公里遠的一塊石頭，但我們卻可以用肉眼清楚地看見它，想清楚這句話，花一秒鐘融會貫通這個「東西」的大小和規模，它正耐心地懸在天上，等待你停下腳步抬頭看它，以便它可以回報地面上的你一個微笑。

古人賦予了月亮陰柔的特質，和大地之母一樣。星星會散發光芒。固體的行星和月亮反射光。所以，你望見的光，是從天上這顆巨石彈回來的太陽光。這塊巨石會影響潮汐，以及人們的情緒、思想。它會牽動我們。

千百年來，我們的祖先用月亮來標記時間和季節。女人的月事似乎跟著它來潮，而男人夜晚狩獵則要藉著月光。月亮在人類文化中扮演中心的角色，影響了諸多大事的時間點。今天，我們忘了抬頭看它。我們可能偶爾會看見它，但通常不會花時間欣賞它。這是一種愚昧。

今天的功是去找到月亮，並在月光下待至少十分鐘。今天的月升和月落是什麼時候？如果是新月，找出它現在應該在哪裡。它是上弦月還是下弦月？是滿月嗎？看看四周物體（最好是自然的物體）上閃耀的月光。藉這新穎的光線來看它們，真正停下來省思它們所呈現出來的影像。月亮反映太陽的光如此明亮，讓它把光照耀在我們身上，而我們也從原來的太陽光篩減了兩倍或三倍的光。這個濾光的過程讓事物看起來如何？它是否帶出了你正在觀看的事物的其他特質？

花一點時間學習用月光觀看。在月光下，事物有更柔和、更寧靜的特質。時間慢了下來，我們也是。我們的祖先不必學這件事，因為他們住在其中，沉浸其中，我們花點力氣重新找到它。好消息是，今天晚上是你回到這個正確方程式的第一晚。今天晚上，你得以重新燃起與一位老朋友的亙古友誼，它一直耐心地等著你。

第84天・留意動物足跡

過去，我們的祖先從動物的足跡一點一滴蒐集訊息。他們會知道這隻動物是否懷孕了、受傷了、非常匆忙，或者只是在玩。顯然，讀出其他人類的足跡也是我們所具備的相關技能。在野外時，飛鳥、走獸、昆蟲和爬蟲類的足跡能告訴我們那個區域正在進行中的許多故事。這些足跡往往記錄在土壤(或者基質)當中，並且顯示出天氣、風候與日光的作用。我們可以根據足跡，大概猜測某隻動物什麼時候經過某個地區，以及牠從什麼方向過來。

簡言之，大自然裡包藏了好多好多的訊息，記錄了周遭時間的痕跡。今天的練習是定著在這件事上，並且簡單地記下你見到的足跡。如果你看得夠仔細，你會發現它們。如果你住在都市叢林裡，你可能要在路邊，或者得去一座公園裡才能找到。

它們隨時都在，你上次注意到是什麼時候？

這是你今天的練習，**走出你的舒適圈，學習觀察你的環境**。找出一些足跡，看看你用它們來做什麼。猜猜牠們可能是什麼動物，然後，做一件我們的祖先從來沒有機會接觸但也無此需要的事：查查看，這是什麼動物的足跡？可能你身上有一支智慧型手機，所以，先猜猜看，然後查看看你猜想的動物腳印的圖像。你答對了嗎？如果不對，查查你們那個區域常見的動物，然後查一查他們的足跡？是哪一個？連鴿子都有足跡，所以，你需要做的只是慢下來，觀察它們。

這對你可能是全新的體驗，這很好，這將能幫助你定著在某件整年都出現在你眼前的真實事物上。不久之前，知道這些訊息是很重要的，當時，走進林子裡可能是危險的，如果看見新鮮的野狼腳印，可能意謂事態嚴重。如今，這些經驗在你生命中的何處？也許，遠方的警報聲和你無涉？死亡危機的警告讓我們還活著，而死亡是非常真實的。

重點是，今天要定著在某件真實的事物上，並且從中學習。對情勢保持警覺曾經維持了我們的生命，但現在，我們關閉警覺，並且因此比較心不在焉。

你在這個練習裡所做的，就是回顧時空，在這個地球上發生了某件事，而你要看見這個事件的反照，可能只是一隻松鼠日常的曲折路線，但請停下來幾分鐘，欣賞品味這個線條之美。我們全都如此自我沉溺，以致於將周遭的動物與植物視為理所當然，難怪會出現全球暖化的問題，如果我們每個人都能欣賞周遭的生命，當卡車載著我們製造的垃圾去掩埋場時，我們就比較不會盲目地視而不見。

今天，慢下來找一些足跡，認識它們，花幾分鐘享受這個新的技巧。當你打開你對這個「新」世界的覺知，你可能會在接下來的幾個星期，發現其他的動物足跡如雨後春筍般冒出，很棒！這些訊息具有基因記憶，從你身上解鎖了，這個神智清醒的基因還記得享受生命的單純快樂是什麼樣子。

第85天・睡眠不足

不論是在當新手父母的初期、完成研究所學業，或者人生中的某些時期，你可能有一些時段經常與睡眠不足為伴。有時候人生變得急促，你能在行事曆中容下的修復時間不夠。但不睡覺會使我們疲倦、萎靡、情緒不佳、缺乏熱情、無法集中。如果處在這種狀態中太久，你可能很清楚會開始看到你在職場、人際關係、健康或情緒上的負面影響，有可能全面受到影響。對大部分人而言，睡眠不足指的是少於七或八小時的睡眠。

度過困難時期的方法有很多種，想想你上一次經歷突發的失眠是什麼時候（也許你正為此所苦）。你如何克服失眠嗎？你喝了很多咖啡嗎？你有吃藥嗎？你是否做多一點運動來彌補？回想那段時間，回想你的心靈狀態。現在，想想是什麼改變導致了睡眠不足的時段。也許你真的有一個好的睡眠儀式，但你沒刻意維持？也許是某個重大的人生變化，例如新生兒，或是搬到一個全新而且嘈雜的環境？這和你的壓力水平有關嗎？不論是工作上或是人際關係上？

當我們身處在那樣的壓縮時間下，可能會覺得苦海無涯。失眠使我們身心俱疲，當我們的能量開始衰微，光芒開始閃爍不定，自己也會開始失去希望。為了讓你挺過這段困難的時日，你的心靈必須經歷什麼？你但願時間會加速還是慢下來？

今天的練習是關於回到你上次失眠和「睡得很差」時的心靈狀態，並獲得一些清明與覺知。當你睡眠不足，脾氣很差，你與時間的關係如何改變？你是否失去了時間概念？你是否過於沮喪，忘了聞聞玫瑰花香？很可能是如此。我們全都經歷過那些日子。

然而，現在真正的教訓來了。當回到那段困頓的時日，明白了你現在所領悟到的之後，你會有什麼不同的作法？未來你可以用什麼比較好的方式處理？現在的你擁有更多的智慧以及後見之明的優勢。確實檢驗人生那段時期，看看可能的錯誤是什麼。你是不是抄了捷徑，結果付出更多的時間與悔恨？你是否傷害了最親近的人？也許你無法拿回什麼，但你當然可以為未來的好眠規劃。你要如何在你的行事曆中，建立更多的睡眠與修復時間？

時間壓縮會引起最糟的狀況。回頭看看，至少從那些日子裡得到一些教訓，幫助你在未來的暴風雨中航行。人生會丟更多壞球給你，世界的法則就是如此，**問題是：你這次是否更有準備？你要如何用不同的方式帶領自己？**

今天花些時間想想這件事，寫下任何想法，當未來壓力來到，這將有助調整你的觀點，也有助彌補你與時間的關係。

怎麼做？

了解我們在情急之下所做出的習慣反應，能給予我們機會控制認知的羅盤，並且避免被扯入混亂的波濤之中。即使事情再次失控，你可以抓回對這次事件的經驗，汲取當中的智慧。你將如何以不同的方式來處理？你拒絕再進入什麼境地？你這次可以如何保守你的平靜、做更好的決定？

這些事只有你能回答。那些答案來自於深深挖掘你的過去，從中學習教訓。

第86天・閱讀時間

今天我們需要停下來，欣賞閱讀能帶給我們的好處。閱讀的投資報酬率極高，書籍是藉助某個人的人生經驗，濃縮成精要的教訓、故事、經驗、軼聞，能幫助我們學習更多關於人生的事。書籍能帶你到世界新的角落，給你資訊、洞見與知識。

想想看，你正以一種可被消化的濃縮經驗來獲得人生經驗。這意謂著某個在地球上真實活過的人，現在回來總結、分享、打包整理那段經驗。**這像是一個壓縮的時間包裹，你可以用極少的時間投資，窺見那些智慧。**這就是槓杆原理。

所有我認識的成功人士都是熱切的讀者，他們執著成為終生學習者，而且通常他們學會了速讀，很有效率，而且得到最大的成果，這聽起來覺得瘋狂嗎？那麼，你只要知道這些人中的大部分也花比一般人更多的時間在池邊泡水，而且他們泡水時，也同時讓自己活得更好。

今天，抓一本你一直想讀的書來看，看至少三十頁，只要放鬆進入自書本學習的過程。可以是一本小說、歷史故事、勵志書，任何一種都可以。找一本一直在呼喚你的書，重點是讓閱讀呼應你的生活，一旦你再次為書本安排了一些空間，會開始發覺人生的方向變得更聚焦。你閱讀得愈多，人生愈美好。

這將是一段妥善運用的美好時光。

第87天・點心時間

點心對保持我們的血糖穩定是有益的，能在兩餐之間為大腦充電，為我們忙碌的一天添加保持清醒與專注可能需要的燃料。今天，讓我們看看點心這件事，看看是否可以稍微改變對它的觀點。

漫不經心地啃掉桌上或車裡的任何一包零食真的很簡單，想想你多常一邊做某件事，一邊盲目地吃點心？也許你經年累月都是這樣，也許甚至沒有意識到你吃下了多少，因為它已經變成一種反射動作。

當我們對某種活動無知覺，它會把我們拉到一種模糊的心靈國度，與現實脫節。我們的進食動作和飢餓之間是沒有連結的，而且，最後落進了一種不知不覺囫圇吞下各種垃圾食物的反射習慣。

今天，我們要打破這種對點心漫不關心的習慣。每當你開始找點心，不論是在辦公室、看電影，或者任何其他地方，問你自己：你正在吃的食物裡有什麼？我們容易忽視狼吞虎嚥吃下的東西，但你仔細看看，它乾淨嗎？是天然的嗎？對你是好的嗎？

下一步：你是否欣賞它的內涵？當我們吃東西時做其他的事，便不會注意到食物的氣味、質地、味道和溫度，這是非常無意識的，而且當然也很不尊重為了我們而消失的生命，所以，仔細檢視它的質地，在進食的喜悅開始淡化之前，你可以更醒覺。

現在，只看看量的多寡。觀看節目時，很容易吞下一整包洋芋片或是一整杯冰淇淋，如果是皮塔餅片或不加糖的巧克力冰淇淋，那就沒關係，但你還是吞進了太多的卡路里進入你身體的系統，而今天並沒有足夠的時間騎健身車來平衡這項負荷。你應該如何分配你隨手可得的食物？與其拿出整包，不如找一個方便食用的一人份容器來裝盛，把其他的份量收起來，這樣一來，你就不會有機會吃掉一整包。

之後，讓我們來檢查，看看你是否充分咀嚼，並且慢下來享受你幸運得來的食物。再一次，我們狼吞虎嚥大吃零食時，常常神遊到別處，很少充分咀嚼以幫助消化系統分解它，咀嚼是消化前線的重要第一步，你可以利用點心時間當休息，但你將驚訝地發現，真正專注於進食的感覺時，你可以從中了解自己更多。你將更注意到什麼時候是飽了，或者食物不太好吃，或者你的下巴開始因為咀嚼而痠了。很可能你會覺得坐著吃東西很無聊，這會讓你快一點把食物放下來。

今天，每次拿個點心時，就做這些練習，即時只是抓一把杏仁，也要慢下來，花一分鐘咀嚼，好好品味。這有助引發飽足感，吃少一點，也有助於吸收。你想有意識地在吃點心前先檢視，或者花更多時間來消化食物，或者擺脫這些食物。你會選哪一種？

第88天．鄰居時間

你上一次和你的鄰居消磨時間是什麼時候？大部分的我們很快速地打個招呼，然後急急忙忙趕赴原本就很瘋狂的日子。一陣快速的交換微笑後，便各自回到老樣子。

以前不是這樣。過去，我們認識周遭的人，而且照顧他們，他們也照顧我們的土地、小孩、狗兒和信箱，我們也投以相同的回報。我們互相支援，表現得像同一個社區。今非昔比，我們許多人都一樣冷漠。

今天花一點工夫，只要和一位鄰居稍微連絡一下。這也許有些困難，因為他們也超級忙碌，而且習慣從你旁邊擦身而過，但是努力試試。你不需要把某個人攔下來二十分鐘，只要簡單地有些互動，融入一些心意和能量。

怎麼做？讓我們從眼神接觸和一個熱情的招呼開始，問候他們，說你很高興看見他們。他們可能正在趕時間，所以不要太突兀。如果他們不是處在瘋狂的忙亂中，你只要用恰如其份的心意表達你自己。

也許，你可以提議這個星期他們全家找一天來家裡喝茶。也許晚一點一起散步到公園、晚上一起看電影，或者一起出門吃晚餐——任何恰當的提議。

重點是和我們周遭的人連結，踏出現代世界行屍走肉般的匆忙心態。**暫停時間，認識他們，表現對他們的尊重。**這可能是你今天所有能做到的事，但這已經為未來的相遇立下前例。很可能因為一個像這樣的小動作，這個月稍晚，當你真的需要的時候，他們也許會投桃報李，送你一個非常即時的微笑。

我們習慣忽視和我們最接近的人，將他們視為理所當然，今天不行。留意你們街區的人，想想你和他們是如何像鄰居一樣互動。你是一位好鄰居？或者你自己也做得不夠？沒關係，我們都掉進了現代社會的瘋狂狀態，但回到過去很簡單，只需要一個人，就是「你」，跨出一步，把你們大家一起帶回此時此刻。

你不知道要說什麼嗎？很簡單，談談你倆所在的自然環境中的某件事。嘿，那些葉子很美、令人讚嘆的夕陽、舒爽的風、看看那些小鳥——什麼都行。大自然是真實的，而且是回到此時此刻的定錨。它能將你倆帶回來，分享一個真實的時刻，並且好好享受。之後，你可以回到你的生活了，但這個練習將建立一個好習慣。

這個練習的目標是暫停時間，並且單純地享受一下與鄰居的相處。你將會發現自己愈來愈常做這件事，而某一天，甚至可能會感覺自己住在一個真實的社區，四周都是可愛的人，這些是好事，為他們空出時間的決定權，在我們身上。

第89天・全然的放鬆

你是否體驗過全然放鬆的狀態？這意謂著沒有焦慮、驚恐、煩惱、憂心，或者時間壓縮的感覺。有些人從來沒有感覺足夠的安全感，無法全然放鬆。這可能是來自於童年事件、經歷過戰爭，或者居住在治安不佳的社區。有很多原因使我們無法放鬆，而且擋住我們成就偉大的路。

放手，是找到自己的重要一環，我們需要釋放內在的力量，但有東西擋著路，這很惱人，感覺像是一種激動不安的狀態，無法去除，你可能會感覺到肩膀或下巴的肌肉緊張，有些人覺得後頸很緊，許多人覺得腹部或胸部很悶。

你在哪裡感覺到緊張？

你是否曾經停下來面對這種感覺？你是否曾經仔細注意緊張？重視它？為什麼會緊張？這是今天的練習。

讓我們先將注意力往內轉到身體裡不願意放鬆的部位。躺下來，深呼吸幾次到你的下腹部，緩緩呼吸到那個區域，像氣球一樣為它充氣，努力放鬆你的全身，從頭到腳，然後花幾分鐘定心，感覺舒爽與下沉。

現在，讓我們掃描你的身體，找出抗拒放鬆的部位，與其試著對它們「做一些事」，讓我們玩一種不一樣的遊戲，當你遇到一個緊綳的部位，對著它呼吸，然後問它為什麼無法放鬆，這聽起來似乎很瘋狂，但你很快會學到，你就是頭腦不清楚才會忽視你的身體。

問你的身體，那裡為什麼抱持著緊張或者抗拒。

繼續對著那個區域呼吸，看會發生什麼事。是否有某個記憶浮現？是否曾經受傷？你是否突然想起某種太熟悉的童年恐懼？

問問題，而且要有耐心，也許很難訴諸文字，但確定要保持與你的呼吸連結，允許你的身體呈現想傳達的感覺。感覺它，持續感受它。要進入這個節奏得花一些時間，這個節奏是我們確信訊息確實來自於身體，而不只是心理的呢喃。放輕鬆，一旦到了這個境地，只要停駐在這個感覺，探索緊張之外的另一個寬廣空間。

我們的挑戰，是探究極端的區域。我們一輩子都在逃避不舒服的感覺，我們已經離開這些不適區域，並且變得呆滯。離開不適，並沒有為我們帶來益處。現在是面對緊張不適的時候。

對著這個地方呼吸，深度地放鬆。任何升起的感覺、情緒、想法都是自然的，它們已經停泊在你的組織裡好幾年了，表現出來，流過你的身體。它們不再躲藏，讓它們出去。

你愈能接受，愈能深度放鬆到一個完美平靜的空間；你愈允許它發生，愈能暫停時間。唯有真正的放手，我們才能接通永恆的時間，讓我們再生與修復。

你不能拖著過去來到這裡，面對與接受，如此才能釋出與放手。

第90天・將覺知的光轉向內心

我的道教內丹術的中心原則，是學習如何將覺知的光轉向關注真我。這是學習如何暫停時間的終極練習。你的真我不存在於時間；你的真我坐在無限的高位，永遠無所不在。這是神祕主義者最大的祕密。但只有這句話並不足夠，許多人被心靈的消費主義動搖了，便離開了，心想：「好，好，這我聽過了，也沒什麼。」這是野獸的行為，以為只抓到某種概念的稀微知識，便以為你全知道了，這是致命的心靈缺失，污染了新時代運動，導致利己主義以及對靈性的傲慢態度。

這種永恆的經驗，是人的一生中得以轉化最大的時刻，要到達這個境界需要很大量的練習，而大部分新時代的靈性術語都是設計來賣給你走捷徑的技倆，沒有捷徑，這整件事是一個循環的。

今天，潛進自己的內心，找一個安靜黑暗的地方，讓你可以十五至二十分鐘不受打擾，全身放鬆，脊椎打直坐好。

開始深呼吸至你的下腹部，持續這個動作幾分鐘，並定著於低緩的呼吸。這有助於定心，定著在我們的生物電場。

從這裡開始，讓我們將注意力集中在第三隻眼，你額頭上兩眼中間的位置。吸氣時，把白光帶到這個區塊，吐氣時，讓白光向外朝每個方向發散，這麼做持續幾次呼吸，確實感覺光脈動進出額頭。

在下一次吐氣時，將一個光球外移到你額頭前方六英寸（約十八公分）的地方。吸氣時，穩住這顆球，並對它吸收更多的白光，在下次吐氣時，將你的注意力從額頭轉移到這顆球光。在下一次吸氣時，注意將你的覺知向內轉到你的額頭，從你面前大約六英寸處回看裡面。

保持你的覺知在你前面這顆球上，維持數分鐘，你的覺知正停留在這顆光球上，並回看到你的額頭裡面，停在這裡，試著與之駐足，這很容易分心，因為有很多訓練都是針對守住這個焦點。看一眼，用你的覺知之光看看裡面，看你能看見什麼。

當你準備好結束時，在下一次吸氣時，把你的覺知拉回來到你的額頭，將白光吸進去，並在吐氣時讓它往四面八方擴散。保持注意力向內，只要將氣息吹向這個能量中心，維持數分鐘。

當你準備好要結束這項練習，只要將你的左手掌放在額頭上，右手掌放在左手掌上，再做幾次飽滿的呼吸。打開眼睛，看看你感覺如何。

第91天・伸展受困的時間

今天，我們好好舒展放鬆。

生活中壓縮的壓力最後都會在我們的身體上報到，幾十年後，它們似乎就永遠盤據在那裡了。也許是在我們的頸部、臀部、下背，或者那些似乎永遠很緊的腿後鍵肌群。

把你的身體想成是彈簧，當它從壓力釋放時，應該要全部彈開。而你是否壓縮太久，以致於它似乎卡在一種緊壓的狀態？你是否隨時帶著即將爆發的緊張？這很普遍。

也許你的頭現在往前傾，因為僵硬的上斜方肌。

也許你的骨盆歪向一側，因為坐太久了。

你的膝蓋可能因為跑步時中心肌肉肌力不足而受傷。

很多時候身體組織上累積生理創傷，但我們是否用對方法來釋放它？

可悲的是，我們很少這麼做。偶爾做一次按摩當然有幫助，而且，當情況變得很糟，我們可能會被送去做某種物理治療。但是到那個時候，通常情勢已經轉壞，像是即將放出電流的加感線圈。

培養伸展的文化確實能開始大量降低這種狀況。花在伸展上的每一分鐘就像是時光旅行。你得以回到一種你曾經歷的某次意外、衝擊、壓力，或者反應，然後釋放它。身體會在組織上記錄這些引起壓力的事，我們是活生生的見證，證明這些事不會自己釋放。我們累積這些小小的創傷，直到整個肌肉群發展出新的不良習慣。

每天只要例行做幾分鐘伸展，就能開始讓這股趨勢轉向。如果你的身體真的壞了，按摩、物理治療、針灸，或者一位骨科醫師可能還是會在你的選單上，但是今天，我們挺身出來，拿回自己的掌控權。

把時間花在呼吸進入我們的身體，是一項很棒的投資。**伸展與打開緊繃的身體部位，能夠放開過去被困住的緊張與創傷，讓我們在現時現刻得到解放。**

想一想。那糾纏不休的僵硬後背，可能好幾年前就開始了，或者可能是慢慢形成的，但不論它是怎麼來的，**它現在正跟著你，而且拖慢你的當下。**事實上，超載的組織就像是能量的慣性，阻礙你在今天全然地生活與表現生命中的動能。

伸展有助於清除對過往的定著。它能釋放受困在組織裡的能量，幫助人們活在當下。伸展幫助我們回到身體，對目前的狀態更有覺知。一旦開始釋放某些肌肉群，我們會感覺更好，但也更清楚我們可能是如何走到這一步的。改變步伐，修正姿勢，換一張合適的椅子，或者記得在跑步前熱身。它能醞釀一種覺知，避免更進一步（或者未來）的加壓行為。

人生中的各種擠壓使人們心情低落，使身心受創，無法完整地在當下好好表現。釋出這些能量能讓我們從昨天的負擔中解放，讓我們在當下自在地生活。我會說，這是好好的過日子。

今天，從伸展腿後肌群開始，放低臀部往前下彎。做這個動作幾分鐘，然後一腳跪下來，另一腳往前跨出（一次一邊），伸展臀部的前緣。每一邊做兩分鐘。之後，把一隻手放在牆上，然後向外打開，伸展你的胸部。做一分鐘，然後換邊。接下來，開始轉動你的脖子，左右鬆動。慢下來，放鬆仍然卡住與嘎吱作響的部位。

最後，感覺任何身體上仍然卡住的部位，然後繼續伸展它們。事實上，你的身體迫不及待地想要釋放與放鬆。只要花一點時間容許它這麼做。

第92天·創傷事件

你是否曾經注意過，過去的某個創傷事件在你的心靈時間軸上承載著某種重量？烙印在我們的記憶中，也烙印在身上的每個細胞，而且有著一股濃烈的情緒把我們和那個事件綁在一起。若你想像一條時間軸，上面標示著一系列的「加號」，一宗創傷事件是一個「減號」的烙印，在此事件之後，所有的加號都翻轉成了減號。

你經歷了一次與強烈記憶連結的不舒服的感覺，今天閉上你的眼睛「回溯」時間軸，看看它究竟的模樣。從事件發生的那一刻起，正負標記是不是翻轉？一路直到現在？這很常見。尋常的事件在你的心靈時間軸一直是正向標記的，之後它翻轉成負向，而且在那個創傷事件後，通常一直保持負向。

阿弗瑞·科爾希布斯基（Alfred Korzybski, 1879-1950）在他的《科學與健康》（*Science and Sanity*）中寫到這一點。他劃時代的作品教我們回到「原始的事件」，並在那裡療傷。回到那個時候，事件發生的彼時彼地，如果你擔心不知要如何連接到那裡，只要跟著你的情緒。回到那段記憶，看看誘使出什麼情緒，這可能很不舒服，但停留在那裡，深呼吸，看看你的身體在哪裡感覺到情緒，試著朝那個感覺到情緒的部位吐氣，看看你在哪裡卡住了。

你的一部分從來沒有離開那裡、那個時候，把我們綁在那股能量與「那個時間」，所以我們從未真正的出席我們的人生現場，**如果我們被卡在「彼處」，要怎麼置身人生現場呢？如果我們某個部分仍停泊在「彼時」，要怎麼身處在「當下」？**

你當然沒有辦法，那是我們巨大能量消耗的地方，我們今天的能量將持續流失到昨天。

讓我們把能量拿回來，花一些時間回到你的記憶，尋找你覺得卡住的地方與時間。你要如何治癒這個源頭事件？在你的心眼中回溯，把你自己放回那個情境，看著它發生，但這一次，凍結這個場景，用愛浸潤它。然後，用你想要發生的方式「重寫這一幕」。你做得到，回去，並且原諒、療癒、營造一個當時新的結果，之後，從那個創傷事件「回溯到此時此刻」，並且清除可能羈絆你的任何其他能量。

你可能會發現有一連串事件或是意外都帶有相同的人生甘苦，這些通常是受到原始事件扭曲的能量影響，這需要相當的練習，並且深度釋放，一旦你熟悉了，你將會發現在你的心裡有多處卡在過去的地方，某些情緒創傷在你身上烙印下它的能量。

這看起來似乎是一項大工程，但真正的苦是你每天帶著這些屎事跟著你。今天就回去清除你的時間軸。你將感覺無比地輕鬆。

第93天·你將會撐起花朵

你是否曾經想過，當你往生時，你的軀體會發生什麼事？從前人們會說：「你將會撐起花朵。」那是因為人們被埋葬在地裡，而你的軀體的每一個部分，除了骨骼，都會被分解，餵養周圍的生命。今天我們用水泥圍住棺木或者火葬，但原則是同樣的。

當我們生命結束，就是結束了。我們的靈魂回到永恆的火焰中，而軀體成為四周生命的食物，大地會啃食我們。細菌、原生動物、線蟲、病毒和更多的生物體大啖曾經是「我們」的生物體。聽起來令人毛骨悚然？抱歉，這是事實。

所以，我們要如何與必死的事實聯繫？

我們停下來感恩我們被給予的時間，世界有可能在明天大爆炸，路上有人被公車撞，死亡永遠近在咫尺。所以，你該如何過人生？

思索死亡不應該讓你沮喪，而是應該會幫助你為此生的時間建立熱情，並使之更加美好，好好品味每一分每一刻。

這和花朵有什麼關聯？有很大的關聯。

當你的身體往生時，它有多純淨？預想看看，從頭到尾想清楚。它是否充滿了垃圾食物、汞、有毒化粧品和噁心的化學物質？這是你要用來餵養開在你軀體上面的美麗花朵的嗎？我不確定它們會開花。

我們在為化學的「新發明」而瘋狂之前，我們所吃的、生產的、塗在皮膚上的東西，大部分是天然的。那意味著對我們和這顆星球沒有毒性的影響。今天，情況大不相同了，你是否會以你施放回大地的有機燃料為榮？或者，你會在黑暗中發出螢光？

現在該想想這件事，並做出改變。你可以清淨你的肝、將重金屬毒物從大腦和骨骼中排出、從飲食和家庭用品中清除化學物質，而且，在數個月內明顯地變乾淨。一個純淨的你看起來和感覺起來會是怎樣？這對地球和未來的子孫會有什麼影響？如果你墳上的花朵是可食的，你會希望你的曾孫吃它們嗎？

你不只是為你自己活在世界上，你是整個巨大生態系的一部分，而你的時間是借來的。今天，想想你在這顆星球上的足跡，以及你可以怎樣將它清乾淨。如果沒有人買化工製品，它就不會再繼續被製造。你現在可以做什麼，以便在這顆星球留下正面的遺產？

在你人生的生態系裡，這些花看起來怎麼樣？你身後的足跡有多乾淨？

今天，從上游開始改變，清乾淨你身體裡和皮膚上的東西，這是一個能讓地球改頭換面的革命性動作。

第94天・被浪費的時間

雖說覆水難收，但顯然這是一個好的反省機會，看看未來要如何避免失誤。這是我們應對時間已經被浪費掉的方法，你沒辦法把時間拿回來，但當中有些啟示可能很有教育意義。

我們每天都在浪費時間，不管是因為晚出門十分鐘而遇到最塞車的情況、腦中一陣空白而錯過了交流道出口，我們花了好多個小時在悲嘆迷了路。

找東西的時間呢？你可能花了愈來愈多時間尋找在家裡不見的東西。如果東西沒找到，不只時間一去不回，它也會在你心裡留下一個開放迴路，引來壓力。

讓我們來看看最近你在哪些地方浪費了時間。看看過去一個月左右的時間裡，想想那些浪費掉的時間，在這些意外裡發生了什麼事？你是否對於該完成的事漫不經心、不夠專注？什麼時候有這種情形？你是否立場不夠堅定？你對於完成該項任務有多少承諾？你是否最後陷入一種尾大不掉的社交情境？花幾分鐘想想你所有浪費時間的例子，並把它們列出來。回想並找出你因為等待而沮喪的例子。現在花點時間把這些找出來。

一旦你整理好這張清單，現在看看你可以用什麼方法避免這種情況。你對劃清界限漫不經心嗎？你忘了其他承諾嗎？是否有某些社交上尷尬的原因，讓你無從解釋或者直接離開？

有很多原因讓我們困住，在不值得之處失去我們寶貴的時間。今天的工作是選一項你生活中經常發生浪費時間的原因，擬一個計畫阻斷它。**透過了解你的傾向，學習你需要在哪裡加強掌控，探究未來可以在哪裡拿回一些被浪費掉的時間。**如果你的生活裡有一個動作慢的人，常常絆住你，這裡的意思不是要你繼續忍耐，而是事先安排，想一想有什麼辦法改善這個情境，以及如何改變你的計畫，順應那個永遠讓你變慢的無可避免的因素。

看看最近你在哪裡浪費了時間，並從中獲得啟示。那段時間是浪費了，但下一回，想清楚，不要再犯相同的錯誤了。

第95天・創作時間

你是否曾經發現，你無法強迫創意到訪？人們通常必須等待，直到謬思來敲門，但是，如果今天得用到你的創造力，該怎麼辦呢？如果技術上無法強迫它，你要怎麼獲得創作力？讓我們來練習。

當我們的心定了，第三眼開了的時候，創造力就來了。當壓力整個凌駕我們的時候，能量中心似乎就會關閉了。令人難過的是，對大部分的人而言，這種情形太常見了，這會導致心情不佳，也讓較少的創意流從較放鬆的狀態流出。

另一個問題，是來自努力想要「有創意」，而不是被動等待。你無法「做」創作，但你可以讓它發生。這裡的挑戰是避免這種心態：「好的，現在我們來擁有創造力吧。」這樣是行不通的，放鬆至你原始的狀態，並讓創意進來，這可能不是突然之間發生的，你現在要試著接觸一種自成一格的時間質地，並帶著虔敬的心來進入。

以下是今天的練習。

深呼吸至你的下丹田，放鬆，並花兩到三分鐘的時間靜心，只要讓你的呼吸緩和下來，留意呼吸經過你的身體，輕輕地為你的下腹部充氣與放氣。

從這裡，把你的焦點移到心臟，用每一次的吸氣感覺心臟變暖、發光，然後，透過每一次吐氣，讓那個溫暖的感覺遍布到整個身體。持續這個動作七分鐘，你的臉上要保持微笑，讓雙眼閉著。緩慢、深沉、有意義的呼吸，並確實讓呼吸柔軟你的胸腔。

現在，試著張開眼睛，持續這種型態的呼吸，並且散個步。保持這種心情，享受你周圍的世界，維持你臉上的笑容，維持在你全身循環的溫度，就是這樣，不要停止這種狀態，要立刻汲取訊息，融入這個空間，自由自在。如果某個很棒的點子浮現，繼續想，把它寫下來，或者用你的手機錄下語音記錄。

關鍵是不要立刻進入你的大腦，這類型的呼吸能幫助你運用創意的右腦。不要讓你的邏輯心理將它擋回去、擠出去。創意是從這樣的空間浮現出來的，**你需要自在，讓創意的泉源湧出**。理性的心製造出一個容器，它可以是有益的，但是經常擋住我們的去路。我們可能強加了原則、保險機制、規範，因而桎梏了我們的想法，遠離了創意的心。投入你的心，接通那股能量，讓它如花朵般綻放，給它空間，創意很快就會跟著出現。

經過一段時間，你會更容易接通這個空間，而且，如果你保持對不同時間性質的敬重，你的人生將從中獲得巨大的好處。

第96天・與星星為伴的時間

我們的祖先是每晚看著星星長大的，往往看好幾個時辰。你上次抬頭凝視夜空是什麼時候？更進一步，上次在星空下睡覺是什麼時候？對都市人而言，能看到星星已經不尋常了，更別說慢下來欣賞它們。

我們的祖先為星座編織了美妙的故事，並且將它們應用在實用的地方。從航海到季節的轉換，天空裡有重要的矩陣，幫助人類種植作物、航行船隻，以及建立宗教儀式。這些都是大事，而現在「星際」在好萊塢，我們在電視上看星星，這是一種悲哀。

今晚，出門去，花點時間仰望天空。如果你住在一座燈火通明的城市，考慮開車到一個視野展望佳的高地，至少可以看到比家裡更多的星星。

安排在那裡待上至少三十分鐘。如果你住在天候寒冷的地區，記得穿上保暖衣物。

坐下來或者平躺下來，用柔和的目光看看四周的星星。你可以試著辨識你知道的星體，指認出來，或者單純地享受點點星光。深呼吸到下腹部，用你在天空中所見，連結到你的呼吸。與天空同步。

你今天的功是辨識夜空裡三個星座。有很多種手機應用軟體可以幫上忙。我喜歡

「Starwalk」，因為它和GPS綁在一起，能即時追蹤夜空中的星體。一旦你辨識出它們，在網路上查查看。看看關於你這三位新朋友，古人怎麼訴說他們。如果你喜歡，可以記住這些星座裡的星星名稱。

最令人驚訝的部分是：幾乎你在天上看到的每個星體其實都不是當下的星星。你其實是看見了「過去」。這些星體的光芒得花好幾百萬年才會抵達地球，而你正看到的光，是從亙古之前來的。相對地，人類在地球上存在了幾千幾萬年。你本人呢？也許數十載。我們所知的宇宙則已經好幾億萬年了，花一點時間想想這個概念，只要抬頭凝望黑色的夜空，想想你此刻正坐在浩瀚時空中的哪一個位置。它如此龐大，無法捉摸，但確實存在。其實，如果你夠幸運能看到一個萬里無雲的夜空，它其實無所不在。

我們被整個宇宙的浩瀚無邊包圍，而此刻你正沐浴的光波是來自古老年代。**你實際上正「透過時間」看見空間**。珍妮今天說的話在你此刻看來有多少份量？你的生命有多重要？你在接下來幾年能做什麼，以便在被召回你頭頂上的永恆無垠蒼穹之前，在這顆星球留下你的印記？我們全來自我們天頂上這些星體的大爆炸，而有一天，也許是在非常久以後的某一天，我們的原子也會漂回到那裡。

花點時間思索你每天的問題，相較於頭頂上的廣大無邊，然後重新校準。宇宙廣大無垠，時間遙長無涯，幾乎無法捉摸。今天花一點時間享受人生，難道不應該嗎？

第97天・眼神接觸與面對面時間

很久以前，當我們參與一場對話，人們有很多的眼神接觸。在人類的接觸中，有大量的非語言溝通方式，而眼神接觸占了很大一部分。眼睛被認為是靈魂之窗，當我們直視對方的眼睛，我們可以看出很多關於這個人、他的感覺、他們的可信度等等。

現代的世界裡，因為人們分散各處，這些非語言的溝通方式大多已經不存在了。我們大部分的交談比較是透過鍵盤，而不是見面的方式。即使我們與同伴共處一室，我們的眼睛仍然是不斷地漂移，我們被電子產品和數位螢幕淹沒了。這樣的結果便是有一搭沒一搭的對話、膚淺的友誼，以及孤獨的人們。

人類演化數萬年以來，都是彼此以真實面貌相見。如今，是靠通訊軟體。雖然通訊軟體幫了很多忙，但沒有任何事物能夠真正取代密切的人類接觸，以及眼神溝通。世界已經變得荒謬不堪，並不表示我們也得如此，把人性帶回來，並不會花太多工夫。我們需要慢下來，與其他人連結。我們需要經由走過房間，**真正用我們的雙眼「看見」他們，來碰觸到另一個人的靈魂**。看看你周遭的人的內在，「發現」他們，比起他們說出來的話和表現出來的舉止，他們有更多的面向。他們真正的自我就在眼神裡。

今天，留意用強烈的眼神接觸，與你見到的每個人連結。意思不是要用你的遠光車燈閃他們，把他們嚇走。而是要用溫柔而真誠的眼神，輔以溫暖的笑容；友善的談話也許也很自然。當你這麼做，你整天下來，會發現很多事。

許多人對此完全不自在，但只要經驗就好，不要因此沮喪。有些人會被碰觸到，這會立刻使他們慢下來，提醒他們所謂的真實。有些人也許會嚇一跳，甚至熱淚盈眶，那是因為他們很久沒有這種真正的人性接觸。

你可能也會發現你生活中的有些人完全正常，但很訝異你的出現。如果你發現你是房間裡最晚清醒過來而且是最疏離的那一位，不要被嚇著了。

這個練習把我們帶回到當下，讓我們以情感的方式與人們連結。這是在整天壓力的襲擊之外，一個很有能量的空間。這是一個解除指令，把你從焦燥的狀態中釋放，是你與另一個人類共享的時刻。今天整天都花點時間做這個練習，在心裡記下你發現了什麼。

看見別人的內在，你也將發現超乎預期的某件事：你自己。真正的愛與承認他人，是發現自我的純淨道路。今天空出時間來連結，這將神奇地暫停時間，把我們帶進一個神聖的空間。好好品味它。

第98天・無聊

你上一次覺得無聊是什麼時候？對某些人來說，無聊從來不會是個問題，他們很少有時間好好從事他們多元的興趣。但那個人可能不是你，每天有千萬人百無聊賴，那個人可能是你嗎？

今天讓我們潛入無聊的境地，因為那是一種有趣的處境，有點像是你與時間的介面走偏了的地方。大部分覺得無聊的人，壓抑他們的慾望太久，以致於他們覺得被困在一種缺乏熱情的人生。也許，打從孩提時代，你就想出門玩，但被迫坐在家裡彈鋼琴，現在，你痛恨死鋼琴了。也許，你喜愛戶外活動，但得找一份「正當的工作」以支付帳單，但卻終日發睏，昏昏欲睡。也許，你覺得被壓抑，對任何事都激不起火花，這都很常見。

不管你現在是哪一種無聊狀態，今天的練習是與你真正想在人生中做的事情一致，找一個方法把它融入你現在的生活，不論那件事情是什麼。小時候你最陶醉做的事是什麼？你喜歡去哪裡？為什麼？什麼事曾經令你印象深刻、讓你著迷、會讓你微笑？很可能你依然想要享受這類的事。

花一些時間想想什麼事能真正帶給你喜悅，然後想想你上次做這件事是什麼時候，是藝術？運動？烹飪？對某些人來說，上次做這件事可能是十多年前。有時候，人生就是這樣。我們被自己搭上的船載著走，多年後，發現自己在一個遙遠的國度，身邊都是和我們不相干的陌生人。我們既疲憊又孤單，稱它做「無聊」，其實，實際上更糟，這是你的靈魂與你被給予的時間，兩者在根本上的錯置，世界上沒有比一個人在缺乏熱情的地方揮霍時間，更打臉上帝了。

你需要火花，但從何而來？你要如何找到帶回喜悅的事物，再次為喜悅在生活中安排出時間？這是你的時間。當然，你在白天的時候可能得替某個人工作，但仍然有一大段「你的時間」，可以做你有熱情的事物。

那是什麼？

持續挖掘和問問題，嘗試新事物，考驗你的假設。用火星人的眼光看世界，並且把你目前的情境歸零。如果你可以在世界上做任何事，那會是什麼？現在，你可以開始往那個方向前進。

今天的練習是簡單地花一些時間思考這個問題，並且寫下你遺忘快樂、忘記覺得有樂趣的地方。無聊是我們走錯路的徵兆，把你的心連回到曾經讓你感到熱情的事物，把喜悅找回來。挖掘吧！

第99天・等待

今天我們將贏回許多領地，我們的功課是練習一個簡單的破解法，這將大幅轉變你對時間的態度，你將學會永遠不再等待。

這是什麼意思？

對初學者而言，意思是，不用盯著你的手機來填補每個空檔。倒楣的事隨時會發生，有人會遲到，到處塞車，天底下的事沒有完美的，這就是我們居住的世界，事情不會永遠如我們的意。

而我們在這種情況下做什麼呢？我們愈來愈生氣、咒罵、煩躁不安、吸煙……

這有什麼用嗎？

今天的計畫是抓住每一次你面臨需要等待的機會，把能量重新導引到某件正向的事，如果你今天在餐廳，服務生說餐點要等五分鐘，你的態度應該是：「太好了！宇宙剛送給我五分鐘！」這可能意謂著幾件事：

- 與你的同伴共度更多美好的時間。

- 可以有幾分鐘的時間，你可以深呼吸到下腹部，放鬆身體系統。
- 有時間記下或隨時寫下一些想法。
- 有時間閱讀，或是聽有聲書或播客。
- 有時間思考。

這個故事的啟示是，**「拿回你的時間的主控權」。絕對不要再讓任何人或任何情境浪費你的時間**。你不需要用力工作或是恍神來填滿你清醒的每一分鐘。當你學會冥想時，根本不需要任何其他補償。即使在公共場合，坐著就可以做一些深呼吸到下腹部，滋養你的精氣神，如此一來，等待時間就不再煩躁不安，而是「找到時間」喘口氣，潛入放鬆的狀態。

不覺得你需要完全放鬆？很好，那就做些伸展，做伏地挺身、打電話給媽媽或其他任何事。

這是你的時間，今天拿回它的所有權，並且讓這個練習成為一個終身的習慣。

第100天・時間的投資報酬率

在商業上有個概念稱為「投資報酬率」(Return on Investment, ROI)。這個原則很簡單：投入某項商業風險的資源，應該要有一個回報。今天讓我們來用時間的情境想想這件事。你將時間投資在哪裡，你對報酬是否滿意？

你對目前的生活開心嗎？想想關於你的渴望、目標與企盼。你如何使用大部分的時間，所花的時間與所從事的活動價值相符嗎？你覺得距離你想要的東西或經驗愈來愈近，還是漸行漸遠？如果你花費的時間並沒有帶來想要的人生，那我們有很多工作要做。今天讓我們來評估你的時間到哪裡去了，以及你是否認為有利用時間更好的方式。

看看你的行事曆，標記那些沒有獲得預期結果的事件。如果你做些像是吸煙或吃垃圾食物之類的傻事，那麼，你顯然可以從這裡開始。之後，開始看看你不怎麼樂在其中的事，那些事是拖累生活品質的事，那些事是絕對必要的嗎？很多可能目前是必要的，但你可以如何轉變你的生活，讓你可以比較享受你的時間？我不是說辭掉一個你需要的工作，或是不去參加對親人極重要的大事，而是說，有沒有辦法重新挪動你對不喜歡的工作所付出的能量，讓你有剩餘的頻寬做你喜歡的事？

你可以重新取回一些浪費在你不愛的活動上的時間嗎？花在馬路上的時間如何？也許共乘或搭乘大眾交通工具可以釋放出來一些時間。也許你可以騎腳踏車上班，在抵達公司的時候查看運動量。

今天看看自己從活動中得出了多少成就感、愉悅、體適能、金錢，或者任何其他合理的度量。我們為金錢工作，你可以如何最大化你投入的時間，換取最多的金錢？運動很好，你可以投入同樣的時間，得到更多的收穫嗎？例如，如果你習慣花半小時在跑步機上看一個節目，你可以在那半小時改做一些高密度的工作，得到更好的報酬嗎？今天一個都不要放過，每件事都檢視。

你該把你在這顆星球上的時間發揮到極致，而且我們都是活在「借來的時間」。如果你正把你所擁有的時間投資在某一項活動，想像幾年後回首，你會認為這段時間被妥善利用了嗎？如果不是，那麼，現在就停止在這上面浪費你的生命力，真的就是這麼簡單。只要快轉幾年，然後回頭看看。那個時候的你會滿意你今天把時間花在哪裡嗎？你看到什麼長期報酬嗎？

時間困窘，其實是在挑戰我們自己的信念系統。你的心理運作系統中的什麼部分，造成了你人生的缺乏與無效率？挑戰那些信念，拿回你使用時間的主權。結果將會不可思議。

結語

時間是一股莊嚴且強健的力量，是人生的流通貨幣。我們可以是人生不停行進的奴隸，或者我們可以挺身出來掌控它。暫停時間與陶冶時間幸福的藝術，讓我們的人生得以施展力量。我們不再覺得失控，清除迫使我們焦慮與失眠的混亂、剪除不再有用的東西、好好品味休息時光，我們得以找到時間的幸福。我們捨棄耗費心力之物，投入能提升與豐富生命的事。

現在，你已經完成一百天的功，你將感覺你與時間之間的協調。現在有許多事可以思考，很多幫助你每天掌握時間的練習，還有很多事要做，而你必須對你的時間小心翼翼。有時候，事情來得很快，我們必須順著它；其他的時候，我們需要沉澱下來，慢下來。但無論如何，與大自然的韻律同步，會幫助你找到和諧，讓我們與這個強大的脈動一致，學會和大自然同行。

在過去的一百天寫下筆記，現在檢視它們，你經歷了哪些？走了多遠？你明白哪些你已遺忘的部分，而你要如何回到軌道上？

往前進，每天運用這些觀點來檢視你的時間，看看你可以在哪裡汲取人生的甘露，利用時間做為你最大的盟友。我們不知道自己還有多少時間，但可以選擇盡其所用，發揮到最好。投資你的時間，在你珍貴的信念、你的家人身上，並且豐富你在地球上的經驗。學習透過這本書的觀點來觀看，從你的時間獲取最大的人生價值。過一個擁有時間幸福的人生，是豐盛的、備受支持的、永不枯竭的。

你準備好獲得更多了嗎？

我現在邀請你不用按照順序重讀這本書。只要把書拿起來，每天翻到不同的篇章，我稱它為「功的輪盤」。每一課會為你帶來更多的清淨與價值。繼續朝「時間幸福」努力，你將一路發現更多的能量、清淨與幸福。

好好享受

佩德蘭・修賈

人生顧問 342

每一刻・都是最好的時光：一日一練習・找回美好人生健康轉速的100項正念日常

作　者—佩德蘭・修賈（Pedram Shojai）
譯　者—游淑峰
主　編—李筱婷
責任企畫—曾睦涵
美術設計—方智弘

發 行 人—趙政岷
出 版 者—時報文化出版企業股份有限公司
10803台北市和平西路三段二四〇號三樓
發行專線—（〇二）二三〇六六八四二
讀者服務專線—〇八〇〇二三一七〇五
（〇二）二三〇四七一〇三
讀者服務傳真—（〇二）二三〇四六八五八
郵撥—一九三四四七二四時報文化出版公司
信箱—臺北郵政七九～九九信箱
時報悅讀網—http://www.readingtimes.com.tw
時報出版愛讀者—http://www.facebook.com/readingtimes.fans
法律顧問—理律法律事務所　陳長文律師、李念祖律師
印　刷—盈昌印刷有限公司
初版一刷—二〇一八年十二月七日
定　價—新台幣三二〇元

時報文化出版公司成立於一九七五年，並於一九九九年股票上櫃公開發行，於二〇〇八年脫離中時集團非屬旺中，以「尊重智慧與創意的文化事業」為信念。

每一刻.都是最好的時光：一日一練習.找回美好人生健康轉速的100項正念日常 / 佩德蘭.修賈(Pedram Shojai)作；游淑峰譯. -- 初版. -- 臺北市：時報文化, 2018.12
面；14.8×21公分. -- (人生顧問；342)
譯自：The art of stopping time : practical mindfulness for busy people
ISBN 978-957-13-7630-1(平裝)

1.時間管理　2.生活指導

177.2　　107020801

THE ART OF STOPPING TIME by Pedram Shojai, OMD

ISBN 978-957-13-7630-1
Printed in Taiwan